Tatiana V. Akhutina
Natalia M. Pylaeva

ΤΟ ΣΧΟΛΕΙΟ ΤΗΣ ΠΡΟΣΟΧΗΣ

Μέθοδος ανάπτυξης και αποκατάστασης των επιτελικών λειτουργιών για παιδιά προσχολικής και πρώτης σχολικής ηλικίας

Επιμέλεια - Μετάφραση
Αθανάσιος Κουτσοκλένης

FYLATOS PUBLISHING

FYLATOS PUBLISHING

Συγγραφείς: Tatiana V. Akhutina, Natalia M. Pylaeva
Επιμέλεια - Μετάφραση: Αθανάσιος Κουτσοκλένης

© Εκδόσεις Φυλάτος, © Fylatos Publishing
e-mail. contact@fylatos.com
web: www.fylatos.com
Σχεδιασμός Εξωφύλλου: © Εκδόσεις Φυλάτος
Σελιδοποίηση-Σχεδιασμός: © Εκδόσεις Φυλάτος

Η μετάφραση του βιβλίου βασίστηκε στην ισπανόφωνη έκδοση που κυκλοφόρησε στο Μεξικό: Akhutina, T. & Pilayeva, N. (2012). Metódica para el desarrollo y la corrección de la attención en niños escolares (Editar: Yulia Solovieva & Luis Quintanar Rojas). Puebla: Unversidad Autónoma de Puebla.

Η επιμέλεια των κειμένων και οι διασκευές των ρωσικών παραμυθιών έγιναν από τον Χρήστο Κουτσοκλένη.

ISBN: 978-618-5163-66-2

Tatiana V. Akhutina
Natalia M. Pylaeva

ΤΟ ΣΧΟΛΕΙΟ
ΤΗΣ ΠΡΟΣΟΧΗΣ

Μέθοδος ανάπτυξης και αποκατάστασης
των επιτελικών λειτουργιών
για παιδιά προσχολικής
και πρώτης σχολικής ηλικίας

Επιμέλεια - Μετάφραση
Αθανάσιος Κουτσοκλένης

Εκδόσεις Φυλάτος
Fylatos Publishing
MMXV

«...σε αντίθεση με τις στοιχειώδεις αντιδράσεις προσανατολισμού, η εκούσια προσοχή δεν είναι βιολογικής αρχής, αλλά μια κοινωνική πράξη και αυτό μπορεί να εξηγηθεί από το γεγονός ότι κατά την οργάνωσή της υπεισέρχονται παράγοντες που προκύπτουν όχι από τη βιολογική ωρίμανση αλλά από μορφές δραστηριότητας που δημιουργήθηκαν στο παιδί κατά τη διάρκεια των σχέσεων του με τους ενήλικες»

ΑΛΕΞΑΝΤΡ ΛΟΥΡΙΑ, Η Λειτουργία του Εγκεφάλου

ΠΕΡΙΕΧΟΜΕΝΑ

ΠΡΟΛΟΓΟΣ

Το *Σχολείο της Προσοχής* αναπτύχθηκε από τις νευροψυχολόγους Tatiana Akhutina και Natalia Pylaeva στο Εργαστήριο Νευροψυχολογίας του Κρατικού Πανεπιστημίου της Μόσχας «Λομονόσοφ» και έχει μεταφραστεί στα φινλανδικά (1995), τα ισπανικά (2004) και τα σλοβακικά (2009). Η έκδοσή του στην ελληνική γλώσσα έχει διττό σκοπό. Κατά πρώτον, να προσφέρει ένα πρακτικό διδακτικό εργαλείο στους επαγγελματίες, οι οποίοι εργάζονται με παιδιά που αντιμετωπίζουν μαθησιακές δυσκολίες. Κατά δεύτερον, να αποτελέσει έναυσμα για τη θεώρηση των μαθησιακών δυσκολιών από μια διαφορετική οπτική, τονίζοντας τον ρόλο της οργανωμένης από κοινού δραστηριότητας μεταξύ του παιδιού και του ενήλικα κατά την ανάπτυξη των ανώτερων ψυχικών λειτουργιών [1,2].

Η μέθοδος, που παρουσιάζεται στο παρόν εγχειρίδιο, βασίζεται στις επιστημονικές θεωρίες του πρωτοπόρου ψυχολόγου και θεμελιωτή της πολιτισμικής-ιστορικής θεωρίας Lev Vygotsky (1896–1934) και του μαθητή του και κορυφαίου νευροψυχολόγου Alexander Luria (1902–1977)[2,3]. Αποσκοπεί στην αποκατάσταση των μαθησιακών δυσκολιών που προκαλούνται από αδυναμίες στην οργάνωση της προσοχής και στον προγραμματισμό και έλεγχο των εκούσιων δράσεων, δηλαδή από επιτελικές δυσλειτουργίες. Παράλληλα, εισάγει τα παιδιά στην έννοια του αριθμού μέσα από παιγνιώδεις δραστηριότητες, ενώ παρέχει πληθώρα ευκαιριών για την εξάσκηση οπτικο-χωρικών και γραφοκινητικών δεξιοτήτων.

Το *Σχολείο της Προσοχής* αναπτύχθηκε για να χρησιμοποιηθεί με παιδιά προσχολικής και πρώτης σχολικής ηλικίας ανεξάρτητα από την κατηγορική διάγνωση που πιθανώς να έχουν λάβει (π.χ. διαταραχή ελλειμματικής προσοχής/υπερκινητικότητα, ειδικές μαθησιακές δυσκολίες, διαταραχές στο φάσμα του αυτισμού). Λαμβάνοντας υπόψη την ελληνική εκπαιδευτική πραγματικότητα, συνιστάται η χρησιμοποίησή του σε παιδιά που φοιτούν στο νηπιαγωγείο με την προϋπόθεση ότι διανύουν το πέμπτο έτος της ηλικίας τους καθώς δεν έχει ελεγχθεί η αποτελεσματικότητά του με παιδιά μικρότερης ηλικίας. Με τις κατάλληλες προσαρμογές μπορεί να χρησιμοποιηθεί επιτυχώς σε παιδιά σχολικής ηλικίας έως 12 ετών που αντιμετωπίζουν σοβαρότερες δυσκολίες [4]. Μπορεί να εφαρμοστεί σε εξατομικευμένη 1:1 διδασκαλία, αλλά και σε μικρές ομάδες παιδιών, καθώς οι ασκήσεις είναι φτιαγμένες με τέτοιον τρόπο ώστε να επιτρέπουν την προσαρμογή τους στο επίπεδο του κάθε μαθητή.

Το βιβλίο αυτό απευθύνεται στους δασκάλους και νηπιαγωγούς γενικής και ειδικής αγωγής, τους εργοθεραπευτές και τους ψυχολόγους, που εργάζονται με παιδιά τα οποία αντιμετωπίζουν δυσκολίες στις λειτουργίες του προγραμματισμού, της ρύθμισης και του ελέγχου της δραστηριότητας. Οι επαγγελματίες αυτοί μπορούν να αξιοποιήσουν δημιουργικά το παρόν βιβλίο, αποδεσμευμένοι από την αυστηρή τήρηση των παρεχόμενων οδηγιών αρκεί να στηρίζονται στις θεωρητικές αρχές που τίθενται από τους συγγραφείς· άλλωστε σχεδόν πάντα το πνεύμα είναι σημαντικότερο από το γράμμα.

Ευχαριστώ θερμά την Tatiana Akhutina και τη Natalia Pylaeva που δέχθηκαν πρόθυμα να μεταφραστεί το έργο τους στα ελληνικά. Τη Yulia Solovieva και τον Luis Quintanar Rojas

για το πολύτιμο υλικό που μου έστειλαν. Τον Βασίλη Παραθύρα και τον Anton Yasnitsky που με μύησαν στο έργο του Vygotsky, του Luria και των επιγόνων τους. Τη Ζωή Θεοδωρίδου και τον Χρήστο Κουτσοκλένη για την πολύπλευρη ηθική και πρακτική υποστήριξή τους.

Αθανάσιος Κουτσοκλένης
Θεσσαλονίκη, Αύγουστος 2015

Βιβλιογραφία

1. Akhutina, T. & Shereshevsky, G. (2013). Addressing children's learning problems through helping them control their attention difficulties (pp. 216–225). In T. Cole, H. Daniels, and J. Visser (Eds.), *The Routledge international companion to emotional and behavioural difficulties*. London: Routledge.
2. Akhutina, T. V. (2003). L. S. Vygotsky and A. R. Luria: Foundations of neuropsychology. *Journal of Russian and East European Psychology, 41*, 159–190.
3. Akhutina, T. (1997). The remediation of executive functions in children with cognitive disorders: the Vygotsky-Luria neuropsychological approach. *Journal of Intellectual Disability Research, 41*, 144–151.
4. Solovieva, Y. & Rojas, L. Q. (2012). Prólogo a la edición Mexicana. En T. Akhutina & N. Pilayeva, *Metódica para el desarrollo y la corrección de la attención en niños escolares*. Puebla: Universidad Autonóma de Puebla.

ΕΙΣΑΓΩΓΗ

ΕΙΣΑΓΩΓΗ

Ο σκοπός του παρόντος εγχειριδίου είναι να προετοιμάσει για το σχολείο τα παιδιά αυτά που χαρακτηρίζονται ως *«παιδιά με προβλήματα»*. Αυτά τα προβλήματα εκδηλώνονται με διαφορετικούς τρόπους. Κάποια παιδιά είναι υπερδραστήρια, έχουν μεταπτώσεις και ενεργούν με τρόπο παρορμητικό, χωρίς «σκέψη» και χωρίς οργάνωση. Αντίθετα, άλλα παιδιά είναι κάπως νωθρά, αδρανή, αφηρημένα και αποδιοργανωμένα. Όλα αυτά τα παιδιά μοιράζονται τη δυσκολία στην οργάνωση της προσοχής και τη δυσχέρεια στον σχεδιασμό και τον έλεγχο των δράσεων.

Τα παιδιά αυτά, βέβαια, συναντούν τέτοιες δυσκολίες και στο προσχολικό στάδιο, τότε όμως αυτές δεν γίνονται εύκολα αντιληπτές. Στο σχολείο, όμως, δεν μπορούν να ακολουθήσουν τις οδηγίες του δασκάλου με επιτυχία, δεν ολοκληρώνουν τα καθήκοντά τους, αποσπώνται και μπερδεύονται κατά την εκτέλεση των σχολικών εργασιών τους. Η χαμηλή σχολική επίδοση οδηγεί σε μείωση του κινήτρου για μελέτη (σε μείωση της επιθυμίας για μάθηση). Τελικά, το παιδί μετατρέπεται σε έναν μαθητή με μαθησιακές δυσκολίες.

Οι ειδικοί στην παιδαγωγική και αναπτυξιακή ψυχολογία τονίζουν ότι η ικανότητα να σχεδιάζει κανείς δράσεις και να τις πραγματοποιεί εκούσια σχηματίζεται στην πρώτη σχολική ηλικία, κατά τη διάρκεια της διαδικασίας της σχολικής δραστηριότητας. Καθώς η σχολική δραστηριότητα μετατρέπεται σε κυρίαρχη δραστηριότητα, όλες οι ψυχικές διεργασίες ανακατασκευάζονται και η σκέψη αποτελεί το επίκεντρο της συνείδησης του παιδιού. Η σκέψη αρχίζει να καθορίζει και τις υπόλοιπες ψυχικές διεργασίες. Αυτό οδηγεί στην ανάπτυξη του εκούσιου χαρακτήρα των ψυχικών διεργασιών και στη διαμόρφωση της ικανότητας του σχεδιασμού και του εσωτερικού ελέγχου (για περισσότερες λεπτομέρειες βλέπε [1, 2, 3, 4]).

Οι νευροψυχολόγοι γνωρίζουν πως η ικανότητα του ατόμου να δημιουργεί ένα σχέδιο δράσης (πρόγραμμα), να κανονίζει και να ελέγχει την υλοποίησή του, επιτυγχάνεται μέσα από τη λειτουργία συγκεκριμένων εγκεφαλικών μηχανισμών. Αυτοί οι μηχανισμοί σχηματίζουν τη λειτουργική μονάδα του προγραμματισμού, της ρύθμισης και του ελέγχου κάθε προσωρινής δραστηριότητας και σχετίζονται με τις μετωπιαίες περιοχές του εγκεφάλου. Αυτή η λειτουργική μονάδα *ενεργοποιείται* μέσω της *προετοιμασίας* της κατάστασης δράσης (κυρίως μέσω της επιλεκτικής προσοχής) και της εκούσιας ρύθμισης της συμπεριφοράς [5].

Η διαμόρφωση των λειτουργιών της μονάδας του προγραμματισμού και του ελέγχου είναι μία μακρόχρονη διαδικασία. Αυτή η διαδικασία ολοκληρώνεται στη νεανική ηλικία και στην πορεία της υπάρχουν ποικίλες κρίσιμες στιγμές, μια από τις οποίες εντοπίζεται στην ηλικιακή περίοδο μεταξύ των 6 και 7 ετών. Σε αυτήν την ηλικιακή περίοδο, όπως δείχνουν κάποιες μελέτες με ηλεκτροεγκεφαλογραφικές καταγραφές, το απλούστερο σύστημα, αυτό της συναισθηματικής ενεργοποίησης του εγκεφάλου, παραδίδει την κυρίαρχη θέση του σε ένα νέο σύστημα που σχετίζεται με την εκούσια λεκτική ρύθμιση των δράσεων. Επιπλέον, οι μετωπιαίες περιοχές του εγκεφάλου (κυρίως στο αριστερό ημισφαίριο) ξεκινούν σταδιακά να αναλαμβάνουν τον ρόλο *«του μαέστρου της εγκεφαλικής ορχήστρας»* [6].

Τα δεδομένα αυτά συμπληρώνονται από τα αποτελέσματα άλλων μελετών με παιδιά ηλικίας 7 έως 9 ετών με καθυστέρηση στην ψυχική τους ανάπτυξη [7]. Τα παιδιά αυτά διέφεραν από τους υγιείς συνομηλίκους τους «*λόγω της λιγότερο ενεργού συμμετοχής των βρεγματικό-μετωπιαίων περιοχών του αριστερού ημισφαιρίου και λόγω περισσότερων ηλεκτροφυσιολογικών αλλαγών στο δεξί ημισφαίριο και ειδικότερα στους μετωπιαίους λοβούς συγκριτικά με το φυσιολογικό...*» [8] (σελ. 68). Αυτό οδήγησε τους συγγραφείς να υποθέσουν ότι στα παιδιά με καθυστέρηση στην ψυχική τους ανάπτυξη γίνεται μία διαφορετική διαμόρφωση των λειτουργικών συστημάτων σε σύγκριση με το φυσιολογικό, με κυρίαρχη τη συμμετοχή του δεξιού ημισφαιρίου.

Έτσι, η διαμόρφωση της επιλεκτικής ενεργοποίησης είναι μία μακροχρόνια διαδικασία και για τον λόγο αυτό είναι πολύ ευάλωτη. Η διαμόρφωση της συνήθειας του προγραμματισμού, της ρύθμισης και του ελέγχου της δραστηριότητας είναι μια διαδικασία ακόμη πιο περίπλοκη, μακροχρόνια και ευάλωτη στις αρνητικές επιδράσεις. Πολλές και διαφορετικές αιτίες μπορούν να επηρεάσουν αυτή τη διαδικασία: από μία ανεπαρκή ανάπτυξη του εμβρύου (επιπεπλεγμένη γέννηση, τραύματα, ασθένειες) μέχρι ένα δυσμενές κοινωνικό περιβάλλον. Για να μπορέσει να εμποδίσει κανείς μια πιθανή καθυστέρηση ή για να ξεπεράσει τις υπάρχουσες δυσκολίες, είναι απαραίτητο να βοηθήσει έγκαιρα αυτά τα παιδιά.

Σε αυτό το εγχειρίδιο προτείνεται μια μέθοδος για τη διαμόρφωση των συνηθειών του προγραμματισμού και του ελέγχου, η οποία βασίζεται στην εργασία με αριθμοσειρές. Ποιος είναι ο λόγος για τον οποίο επιλέχθηκαν οι αριθμοσειρές για την ανάπτυξη των συνηθειών του προγραμματισμού και του ελέγχου; Κατά πρώτον, η κατάκτηση της αριθμοσειράς δεν είναι μόνο ένας απαραίτητος κρίκος αλλά ένα θεμέλιο στην αρχή της σχολικής διαδικασίας. Η ικανότητα να σειροθετεί κανείς αντικείμενα με βάση την ποσότητά τους, να αντιλαμβάνεται την ποσότητά τους και να τα αντιστοιχίζει με έναν αριθμό (που σημαίνει να βρίσκει τη θέση τους στην αριθμοσειρά) συνιστά μία από τις απαραίτητες πολιτισμικές συνήθειες στη ζωή του ανθρώπου που αποκτάται σε πρώιμο στάδιο.

Κατά δεύτερον, οι αριθμοσειρές, σε αντίθεση με άλλα υλικά, επιτρέπουν τη μετατροπή του προγράμματος δράσης σε εξωτερικό πλάνο, την από κοινού οργάνωση των δράσεων ανάμεσα στον παιδαγωγό και τον μαθητή, την εξασφάλιση της σταδιακής μείωσης της βοήθειας από τον ενήλικα και την αύξηση της ανεξαρτησίας του παιδιού. Οι ασκήσεις με τις αριθμοσειρές παρέχουν πληθώρα ευκαιριών για να διαβαθμίσει κανείς την πολυπλοκότητα των απαιτήσεων για προγραμματισμό και έλεγχο της δραστηριότητας και για να αλλάξει τον τρόπο εργασίας με έναν ευέλικτο τρόπο, αποσκοπώντας στην αύξηση της οργάνωσης και τη βελτίωση της ικανότητας του παιδιού να εργαστεί, λαμβάνοντας υπόψη τα ατομικά του χαρακτηριστικά.

Κατά την προσχολική και σχολική εκπαίδευση η εργασία με τις αριθμοσειρές βοηθά το παιδί στο να διαμορφώσει και να ενισχύσει τις αναπαραστάσεις της ποσότητας και της σειράς, να διαμορφώσει την αντιστοιχία ανάμεσα στην ποσότητα και τον αριθμό, να κατορθώσει να πραγματοποιεί εκούσια πράξεις με τους αριθμούς και να σκέφτεται αφηρημένα για τα πραγματικά αντικείμενα. Οι παιδαγωγοί λύνουν όλα αυτά τα προβλήματα τόσο κατά τη διάρκεια της προετοιμασίας του παιδιού για το σχολείο όσο και στο σχολείο μέσω του μαθήματος των μαθηματικών. Η μέθοδός μας, αν και οδηγεί στην επίλυση αυ-

τών των προβλημάτων, επικεντρώνεται σε έναν άλλο σκοπό: στη διαμόρφωση ή διόρθωση των συνηθειών του προγραμματισμού και του ελέγχου.

Η κύρια βάση των ασκήσεων είναι η από κοινού δραστηριότητα του παιδαγωγού και του μαθητή. Η οργάνωσή της οφείλει να αλλάζει με σταδιακό τρόπο ώστε το πρόγραμμα δράσης, το οποίο στην αρχή κατευθύνει ο ενήλικας, να μετατρέπεται σε εσωτερική κατάκτηση του παιδιού. Για τον λόγο αυτό είναι απαραίτητο να εξασφαλιστούν οι συνθήκες κατά τις οποίες το παιδί θα *ελέγχει* το πρόγραμμα ενώ ο ενήλικας οφείλει να επιτηρεί *τον τρόπο με τον οποίο το παιδί θα ελέγχει το πρόγραμμα*. Οι συνθήκες της εξωτερικής (υλικής, συγκεκριμένης οπτικής αναπαράστασης) του προγράμματος και της οργάνωσης της από κοινού δραστηριότητας του παιδαγωγού και του μαθητή, εξασφαλίζουν τον απώτερο στόχο: τη μετατροπή της μορφής της δράσης και του ελέγχου από βαθμιαία (βήμα - βήμα) σε περιληπτική [2, 9].

Στο σχήμα της από κοινού δραστηριότητας του ενήλικα (ψυχολόγου, παιδαγωγού) με το παιδί, συμπεριλαμβάνονται τα πέντε ακόλουθα στάδια υποστήριξης (scaffolding), που αποσκοπούν στην αφομοίωση του προγράμματος των δράσεων με την αριθμοσειρά:

1. Την από κοινού εκτέλεση των βημάτων της δράσης σύμφωνα με τη λεκτική καθοδήγηση του ενήλικα. Σε αυτό το στάδιο ο προγραμματισμός και ο έλεγχος της δραστηριότητας κατευθύνεται από τον παιδαγωγό (ή τον ψυχολόγο).

2. Την από κοινού εκτέλεση της δράσης σύμφωνα με το συγκεκριμένο πρόγραμμα. Σε αυτό το στάδιο ο προγραμματισμός και ο έλεγχος μοιράζεται ανάμεσα στον ενήλικα και στο παιδί. Ο παιδαγωγός διασφαλίζει ότι το παιδί ακολουθεί το πρόγραμμα δράσης και ότι ολοκληρώνει μία ελεγχόμενη δραστηριότητα η οποία περιλαμβάνει τη σύγκριση των αποτελεσμάτων με το πρόγραμμα δράσης.

3. Την από κοινού ολοκλήρωση της δράσης με τη χρησιμοποίηση του συγκεκριμένου προγράμματος και τη μετάβαση από τη βαθμιαία, «βήμα προς βήμα» ολοκλήρωση στην περιληπτική, συντομότερη μορφή ολοκλήρωσης. Σε αυτό το στάδιο, μειώνεται η συμμετοχή του παιδαγωγού στον προγραμματισμό και τον έλεγχο της δραστηριότητας.

4. Την ανεξάρτητη ολοκλήρωση της δραστηριότητας με τη χρήση του εσωτερικευμένου (αφομοιωμένου) προγράμματος και την επιστροφή στο συγκεκριμένο πρόγραμμα όταν ανακύπτουν δυσκολίες. Το παιδί πραγματοποιεί και ελέγχει τις ενέργειές του με ανεξάρτητο τρόπο. Ο ενήλικας παρακολουθεί εάν το παιδί ελέγχει το συγκεκριμένο πρόγραμμα, όταν δυσκολεύεται, και του το υπενθυμίζει, όταν χρειάζεται.

5. Την ανεξάρτητη ολοκλήρωση των δράσεων βάσει του εσωτερικευμένου προγράμματος και τη μεταφορά του σε νέο υλικό. Ο ενήλικας ελέγχει την ικανότητα για μεταφορά της γνώσης.

Η εμπειρία μας μάς έχει δείξει ότι αυτός ο τύπος λεπτομερούς εργασίας με τη διαδικασία της εσωτερίκευσης του σχεδίου δράσης οδηγεί το παιδί στην ενεργητική κατάκτηση της νέας ύλης.

Στη βιβλιογραφία της ψυχολογίας και της παιδαγωγικής έχει εκφραστεί συχνά η ανησυχία ότι η χρησιμοποίηση του ελέγχου βήμα προς βήμα ως μέσο κατεύθυνσης της προσοχής και της δραστηριότητας των παιδιών μπορεί δυνητικά να έχει αρνητική επίδραση στη διαμόρφωση των εκούσιων δράσεων [4]. Πράγματι, αυτή η αρνητική επίδραση μπορεί να λάβει χώρα εάν η μετάβαση από τη βήμα προς βήμα ολοκλήρωση στην ανεξάρτητη ολοκλήρωση

των έργων δεν οργανωθεί καταλλήλως. Το παιδί πρέπει να αποκτήσει ένα μέσο, μια υποστήριξη, ώστε να μπορέσει να κατακτήσει το σχέδιο δράσης. Εάν αυτή η αρχική υποστήριξη δεν προσφερθεί, είναι πιθανό να παρατηρηθεί το εξής: *«Τα παιδιά δεν αποδέχονται το νέο στάδιο: χρειάζονται έναν ενήλικα να τους υποδείξει αναλυτικά και συγκεκριμένα το σημείο της ολοκλήρωσης του ενός σταδίου και της μετάβασης στο επόμενο. Αντιμετωπίζουν συγκεκριμένες δυσκολίες όταν εκτελούν μόνα τους τις ασκήσεις: αφού ολοκληρώσουν ένα μέρος, δεν μπορούν να μεταβούν στο επόμενο, αποσπώνται με αποτέλεσμα να φαίνονται αποδιοργανωμένα, αφηρημένα κ.τ.λ.»* [4] (σελ. 81–82).

Για να εμποδίσουμε κάτι τέτοιο να συμβεί, είναι απαραίτητο να κάνουμε το πρόγραμμα εξωτερικό και να οργανώσουμε τη διαδικασία της σταδιακής του εσωτερίκευσης. Αυτή είναι η θεμελιώδης αρχή της δημιουργίας του δικού μας εγχειριδίου.

Οι προτεινόμενες ασκήσεις οργανώνονται σε πέντε κύκλους:

1. Αριθμοσειρές σε οικείες καταστάσεις.
2. Αύξουσες αριθμοσειρές.
3. Ποσότητες σε αύξουσα διάταξη.
4. Φθίνουσες αριθμοσειρές.
5. Παράλληλες αριθμοσειρές.

Κατά τη διάρκεια ενός μαθήματος μπορούν να χρησιμοποιηθούν ασκήσεις από τον κάθε κύκλο καθώς και ασκήσεις από τους δύο αμέσως επόμενους κύκλους. Κατά κανόνα, σε κάθε κύκλο οι πρώτες ασκήσεις είναι ευκολότερες και απαιτούν εργασία βήμα-βήμα σε σύγκριση με τις επακόλουθες. Σε γενικές γραμμές, η πολυπλοκότητα του προγραμματισμού αυξάνεται από κύκλο σε κύκλο. Ας δούμε τώρα τις ασκήσεις του κάθε κύκλου.

Κύκλος 1: Αριθμοσειρές σε οικείες καταστάσεις

Ως οικείες καταστάσεις περιλαμβάνονται θέματα από λαϊκά παραμύθια («Το ρεπάνι» και «Το σπιτάκι»), η καταμέτρηση των ορόφων και των εισόδων κτηρίων, η καταμέτρηση των σκαλοπατιών των σκαλών και οι αριθμοί στα ρολόγια και τα τηλέφωνα. Στις ασκήσεις που χρησιμοποιούνται τα θέματα των παραμυθιών, το παιδί και ο ενήλικας ανακαλούν από κοινού το παραμύθι, συσχετίζουν την ποσότητα («Το ρεπάνι») ή τη σειρά εμφάνισης («Το σπιτάκι») με τα αριθμητικά ψηφία. Στις περιπτώσεις αυτές, η αριθμοσειρά παρουσιάζεται στην ολοκληρωμένη μορφή της. Στις ασκήσεις με τους ορόφους και τις σκάλες ζητείται από το παιδί να επεξεργαστεί τις αριθμοσειρές με επιλεκτικό τρόπο («από το δεύτερο στο όγδοο σκαλοπάτι», «ανέβα τα σκαλοπάτια παραλείποντας κάθε φορά ένα: 1,3,5»).

Σε καταστάσεις που τους είναι οικείες, τα παιδιά συνήθως κατακτούν εύκολα το πρόγραμμα δράσης όταν αυτό προϋποθέτει την πραγματοποίηση ολόκληρης της αριθμοσειράς, 1,2,3..., αλλά συναντούν δυσκολίες όταν πρέπει να χρησιμοποιηθεί ένα ορισμένο μέρος της αριθμοσειράς. Για να ξεπεραστούν οι δυσκολίες στην εισαγωγική άσκηση, τα παιδιά μπορούν να απαγγείλουν την αριθμοσειρά. Το πρόγραμμα παρουσιάζεται με έναν συγκεκριμένο τρόπο, με τον εντοπισμό της αρχής και του τέλους της σειράς ή του προ-

γράμματος δράσης «παραλείπουμε ένα», επιτρέποντας τη μετάβαση στην πραγματοποίησή του με τρόπο περισσότερο αφηρημένο χωρίς απαγγελία των αριθμών.

Κατά τη διάρκεια της εργασίας με τα τηλέφωνα και τα ρολόγια, όταν το παιδί πρέπει να ανακαλύψει το λάθος στην αριθμοσειρά, πρέπει πρώτα να αναλύσει το πρόγραμμα δράσης, να εντοπίσει και να δείξει κάθε αριθμό με το δάκτυλό του πριν ξεκινήσει την εργασία αυτή καθεαυτή. Εάν δεν γίνει αυτό, το παιδί δεν θα βασιστεί στο πρόγραμμα με επαρκή τρόπο και θα κάνει λάθη. Η εμπειρία μας μάς έχει δείξει ότι σε οικείες καταστάσεις τα παιδιά μπορούν συνήθως να ακολουθήσουν ευκολότερα το πρόγραμμα, είτε σύμφωνα με το συγκεκριμένο πρόγραμμα είτε με προφορική καθοδήγηση. Ωστόσο, δυσκολεύονται στα πολυπλοκότερα προγράμματα, που απαιτούν την επιλεκτική ενεργοποίηση της αριθμοσειράς: τα παιδιά δεν κατευθύνονται στο συγκεκριμένο πρόγραμμα και παρουσιάζουν μία ανεπαρκή κατανόηση του προσανατολισμού της άσκησης.

Για περισσότερη εξάσκηση χρησιμοποιούνται ασκήσεις που απαιτούν περισσότερη εκούσια δραστηριότητα και περισσότερο αναπτυγμένο προσανατολισμό σε καταστάσεις λιγότερο οικείες.

Κύκλος 2: Αύξουσες αριθμοσειρές

Σε αυτό το στάδιο χρησιμοποιούνται ασκήσεις για την εκμάθηση της ακολουθίας των αριθμών σε αύξουσα διάταξη έως το δέκα: η αναζήτηση των ψηφίων που είναι τοποθετημένα σε τυχαία σειρά σε έναν πίνακα ή με έναν μη-οργανωμένο τρόπο (πίνακας Σούλτε, δοκιμασία οπτικο-κινητικής ιχνηλάτησης)· η αντιγραφή και η ανεξάρτητη κατασκευή αυτών των πινάκων και η ένωση αριθμημένων σημείων.

Οι ασκήσεις αυτές επιτρέπουν τη σταδιακή μετάβαση από τις από κοινού εξωτερικές δράσεις στη δημιουργία και υλοποίηση του σχεδίου δράσης και τον έλεγχο της διαδικασίας της ανεξάρτητης και αποτελεσματικής ολοκλήρωσης των δοκιμασιών με τη χρήση του εσωτερικευμένου προγράμματος. Στην πρώτη άσκηση, δίνονται στο παιδί κάρτες με αριθμούς που ονομάζονται «στρατιώτες». Το παιδί πρέπει να τοποθετήσει τις κάρτες σε αύξουσα σειρά και στη συνέχεια να τοποθετήσει τους «στρατιώτες» στα «πόστα» τους (δηλαδή στα τετραγωνάκια του πίνακα). Η τοποθέτηση των καρτών σε αύξουσα σειρά (πριν την παρουσίαση του προγράμματος) οδηγεί στη δημιουργία του υλικού προγράμματος της επακόλουθης δραστηριότητας, η οποία επίσης πραγματοποιείται με υλικό πρόγραμμα. Το παιδί παίρνει την κάρτα με τον αριθμό και αναζητά τη σωστή του θέση στον πίνακα. Για να μάθει να αναζητεί τους αριθμούς με οργανωμένο τρόπο, το παιδί πρέπει να μετακινήσει τους «στρατιώτες» στα «πόστα» τους σύμφωνα με μία ορισμένη διαδρομή: από τα αριστερά στα δεξιά και από την πάνω γραμμή στην κάτω. Στη συνέχεια οι «στρατιώτες» επιστρέφουν στις αρχικές τους θέσεις: στα τετραγωνάκια του προγράμματος.

Στις επακόλουθες ασκήσεις το παιδί ακολουθεί το περίγραμμα των αριθμητικών ψηφίων, τα χρωματίζει και τα αντιγράφει με τη σειρά ή ιχνηλατεί τη διαδρομή από το ένα αριθμητικό ψηφίο στο άλλο.

Οι ασκήσεις του Κύκλου 2 διαφέρουν από τις προηγούμενες καθώς δεν έχουν ένα αναλυτικό -βήμα προς βήμα- πρόγραμμα· το παιδί εργάζεται με το γενικό πρόγραμμα και κάνει σταδιακά τη μετάβαση στο εσωτερικό σχέδιο δράσης. Ωστόσο, οι ασκήσεις αυτές, όπως και οι προηγούμενες, διευκολύνουν το παιδί στην αναζήτηση καθώς η ήδη χρησιμοποιημένη διαδρομή σημειώνεται, άρα μειώνεται το πεδίο της επακόλουθης αναζήτησης. Η βοήθεια αυτή δεν παρέχεται στις επόμενες ασκήσεις (δείξιμο των αριθμητικών ψηφίων), όπου η αναζήτηση πραγματοποιείται σε ολόκληρο το πεδίο των αριθμητικών ψηφίων.

Σε αυτόν τον κύκλο γίνεται επίσης εξάσκηση με αριθμοσειρές που είναι ολοκληρωμένες, μερικώς ολοκληρωμένες και διακριτές (μονοί και ζυγοί αριθμοί). Ο βαθμός *προσανατολισμού* του παιδιού στο σχέδιο δράσης αυξάνεται εάν περιλαμβάνονται εσκεμμένα λάθη του ενήλικα στο σχέδιο δράσης ή στον πίνακα. Αυτό το «τρικ» είναι απαραίτητο κατά την εκμάθηση των ασκήσεων με ολόκληρη την αριθμοσειρά, καθώς συχνά τα παιδιά έχουν την αίσθηση ότι γνωρίζουν τι να κάνουν και δεν συμβουλεύονται το πρόγραμμα. Από τη μία, η μη-επιστροφή στο πρόγραμμα ίσως αποτελεί ένδειξη ότι το σχέδιο δράσης έχει εσωτερικευθεί, κάτι που είναι θετικό. Από την άλλη, όμως, αποτελεί εμπόδιο στην περαιτέρω διαμόρφωση της συνήθειας του αρχικού προσανατολισμού σε κάθε άσκηση. Για τον λόγο αυτό είναι απαραίτητο να «σπάμε» τον μηχανικό τρόπο δράσης, ώστε το παιδί να αναγκάζεται να ελέγχει ξανά το σχέδιο δράσης.

Κύκλοs 3: Ποσότητεs σε αύξουσα διάταξη

Όπως οι προηγούμενοι κύκλοι αποσκοπούσαν στη δημιουργία εσωτερικού προγράμματος της αριθμοσειράς, στην αφομοίωση των σχέσεων ανάμεσα σε έναν δοσμένο αριθμό και τους διπλανούς του, έτσι οι ασκήσεις του Κύκλου 3 εξασκούν την ικανότητα για άμεση και ολική αντίληψη ποσοτήτων και τις διεργασίες με αυτές σύμφωνα με το εσωτερικό.

Στα σημεία της διαδρομής ή στα τετραγωνάκια των πινάκων Σούλτε αντί για αριθμούς (που είναι η αφηρημένη αναπαράσταση της ποσότητας) τοποθετούνται αντικείμενα από το 1 έως το 10. Οι ασκήσεις αυτές είναι πολυπλοκότερες για τα παιδιά σε σύγκριση με τις προηγούμενες επειδή ο συγκεκριμένος χαρακτήρας τους τούς αναγκάζει να διαμορφώσουν μία αφηρημένη έννοια της ποσότητας με ανεξάρτητο τρόπο.

Σε ορισμένες ασκήσεις αυτού του κύκλου («Μανιτάρια», «Τα πέταλα»), το παιδί πρέπει να βρει τον ελάχιστο αριθμό των αντικειμένων ανάμεσα στις αναπαριστάμενες ομάδες αντικειμένων, να γράψει τον αριθμό και μετά να προχωρήσει στο επόμενο αντικείμενο. Το γραμμένο ψηφίο μπορεί να χρησιμεύσει ως βοήθημα για την επακόλουθη αναζήτηση καθώς έτσι σημειώνεται η ήδη χρησιμοποιημένη διαδρομή και να μειωθεί το πεδίο αναζήτησης.

Στις υπόλοιπες ασκήσεις αυτού του κύκλου (παραλλαγές των ασκήσεων με τελείες) τα παιδιά δεν έχουν αυτό το βοήθημα με τη μορφή των γραμμένων ψηφίων. Κατά τη διάρκεια της υλοποίησης των ασκήσεων με τις τελείες, πρέπει να επικεντρωθούμε και στην ανάπτυξη της ικανότητας του παιδιού να αντιλαμβάνεται τη διάταξη των τελειών ολιστικά (gestalt) πέρα από τη διαμόρφωση της συνήθειας του προγραμματισμού.

Κύκλος 4: Φθίνουσες αριθμοσειρές

Στις ασκήσεις με φθίνουσες αριθμοσειρές, το παιδί πρέπει «να αφήσει στην άκρη» το απλούστερο πρόγραμμα της αύξουσας αριθμοσειράς και να εργαστεί με ένα πολυπλοκότερο πρόγραμμα.

Η εξοικείωση με το νέο πρόγραμμα αποτελεί τη μεγαλύτερη δυσκολία για τα παιδιά. Για να ξεπεραστούν αυτές οι δυσκολίες, το αρχικό μέρος του σχεδίου δράσης μπορεί να επισημανθεί με τη χρήση χρωμάτων, την αλλαγή της γραμματοσειράς κ.τ.λ. Επίσης, είναι χρήσιμο να εξασκηθεί διεξοδικότερα το παιδί στο στάδιο της υλικής δράσης, με τη χρησιμοποίηση δηλαδή υλικών αντικειμένων. Για παράδειγμα, να μετακινήσει μία «πεταλούδα» από το λουλούδι #10 στο λουλούδι #1 ή να τοποθετήσει τα αριθμημένα «αυτοκίνητα» (ή τις κάρτες που τα αναπαριστούν) στις θέσεις του χώρου στάθμευσης, δηλαδή στα τετραγωνάκια του πίνακα.

Όπως και στους προηγούμενους κύκλους, η εργασία γίνεται με τη χρήση ολοκληρωμένων, μερικών ή διακριτών αριθμοσειρών. Ορισμένες ασκήσεις περιλαμβάνουν τη γραφική αναπαράσταση ή το δείξιμο των μονών και των ζυγών αριθμών σε φθίνουσα διάταξη με τη χρησιμοποίηση του ήδη διαμορφωμένου σχεδίου δράσης ή με τη χρησιμοποίηση ενός σχεδίου δράσης όπου τα ίδια τα παιδιά έπρεπε να προσθέσουν στοιχεία. Πρώτα δημιουργείται η γραφική αναπαράσταση και μετά ζητείται από το παιδί να δείξει τους αριθμούς στον πίνακα. Με αυτόν τον τρόπο, τα παιδιά εξοικειώνονται με το σχέδιο δράσης κατά τη διάρκεια της συμπλήρωσης των γραφικών ασκήσεων, ενώ το δείξιμο των αριθμών βοηθά τόσο στην αξιολόγηση της ικανότητας του παιδιού για ανεξάρτητη χρησιμοποίηση του σχεδίου δράσης ως βοηθήματος όσο και στην αξιολόγηση του βαθμού της εσωτερίκευσής του.

Συνήθως είναι βοηθητικό να ξεκινήσει η εργασία με μη-ολοκληρωμένες και διαφορετικές αριθμοσειρές κάνοντας επανάληψη ορισμένων ασκήσεων του πρώτου κύκλου με τις αριθμοσειρές σε οικείες καταστάσεις και με εξάσκηση του σχεδίου δράσης σε υλική μορφή: με ορόφους, σκάλες, σκαλοπάτια ακόμα και με τα πεζοδρόμια στην άκρη των δρόμων. Οι ασκήσεις που περιλαμβάνουν την κατασκευή της διακριτής αριθμοσειράς πρέπει να προηγούνται των ασκήσεων που απαιτούν την ολοκλήρωση του σχεδίου δράσης ή τη δημιουργία παρόμοιου σχεδίου δράσης. Οι μη-ολοκληρωμένες μονές και ζυγές αριθμοσειρές μπορούν να χρησιμοποιηθούν περισσότερο και με διάφορες παραλλαγές. Σε κάθε περίπτωση, η εκμάθηση των μονών και ζυγών αριθμοσειρών δεν πρέπει να αποτελέσει αυτοσκοπό καθώς το βασικό ζητούμενο είναι η εξάσκηση της ικανότητας του παιδιού να δρα σύμφωνα με το πρόγραμμα.

Κύκλος 5: Παράλληλες αριθμοσειρές

Σε αυτόν τον κύκλο περιλαμβάνεται το πολυπλοκότερο υλικό που απαιτεί μεγαλύτερο καταμερισμό της προσοχής και συνακολούθως μεγαλύτερη εξάρτηση από το πρόγραμμα.

Οι ασκήσεις με τις παράλληλες αριθμοσειρές προϋποθέτουν την ταυτόχρονη συμπλήρωση δύο υποπρογραμμάτων. Τα υποπρογράμματα αυτά μπορεί να είναι πανομοιότυπα (δύο αριθμοσειρές σε αύξουσα ή φθίνουσα διάταξη), ανάλογα (αύξουσα διάταξη των αριθμών και των γραμμάτων σε αλφαβητική σειρά) ή να έχουν αντίθετο προσανατολισμό (μία σειρά σε αύξουσα διάταξη και μία άλλη σε φθίνουσα). Όπως πάντα, ο νέος τύπος των ασκήσεων εισάγεται βαθμιαία, βήμα προς βήμα, χρησιμοποιώντας για βοήθημα την υλική μορφή του σχεδίου δράσης και την πραγματοποίησή του.

Στην πρώτη άσκηση, δίνεται στο παιδί ένας πίνακας με αριθμητικά ψηφία από το 1 έως το 12, τα οποία είναι χρωματισμένα με δύο διαφορετικά χρώματα και δύο συλλογές καρτών, στις οποίες τα αριθμητικά ψηφία έχουν χρωματιστεί με ανάλογο τρόπο. Το παιδί πρέπει να τοποθετήσει σε αύξουσα διάταξη τους αριθμούς, αρχικά του ενός χρώματος και στη συνέχεια του δεύτερου χρώματος. Έπειτα ο παιδαγωγός δείχνει τον τρόπο εκτέλεσης της άσκησης (1-1, 2-2 κ.ο.κ.) και ζητά από το παιδί να «διαβάζει» το ολοκληρωμένο σχέδιο δράσης. Μετά την επιτυχή εκτέλεση της άσκησης, το παιδί πρέπει να τοποθετήσει τις κάρτες στο τραπέζι με τον ίδιο τρόπο. Στη συνέχεια το παιδί πρέπει να επιστρέψει τους αριθμούς στις αρχικές τους θέσεις ακολουθώντας το πρόγραμμα (1-1, 2-2 κ.ο.κ.) αλλά αυτή τη φορά χωρίς να είναι διαθέσιμο ένα εξωτερικό σχέδιο δράσης.

Η πλειονότητα των παιδιών, αφού ολοκληρώσουν πολλές ασκήσεις με τις παράλληλες σειρές σε αύξουσα διάταξη, έχουν τη δυνατότητα να εσωτερικεύσουν το πρόγραμμα και να εργαστούν χωρίς την υποστήριξη εξωτερικού προγράμματος. Κάτι τέτοιο είναι σημαντικό για να μπορέσουν να προχωρήσουν σε πολυπλοκότερες ασκήσεις με παράλληλες σειρές, σε φθίνουσα διάταξη (8-8-7-7 κ.ο.κ.) και με σειρές με αντίθετο προσανατολισμό (1-8-2-7 κ.ο.κ.). Στην περίπτωση των σειρών με αντίθετο προσανατολισμό, το πρόγραμμα αρχικά κατασκευάζεται με την αναζήτηση στην κάθε μία σειρά ξεχωριστά και στη συνέχεια με ταυτόχρονη αναζήτηση.

Αυτή η εργασία μπορεί να πραγματοποιηθεί από ένα παιδί ή να μοιραστεί σε δύο-τρία παιδιά: ένα θα κατασκευάσει το πρόγραμμα, ενώ τα υπόλοιπα θα το εκτελέσουν βήμα-βήμα. Θα πρέπει να σημειώσουμε ότι η εργασία σε ομάδες επιδρά θετικά στα παιδιά με δυσκολίες στον προγραμματισμό και τον έλεγχο. Η εργασία σε ομάδες αυξάνει, πάνω από όλα, το κίνητρο για τη σωστή ολοκλήρωση των ασκήσεων. Το παιδί, όταν είναι ενταγμένο σε μία ομάδα, μπορεί να αναλάβει τον ρόλο του δασκάλου και να ελέγχει τις δράσεις των συμμαθητών του ή να δίνει το πρόγραμμα δράσης. Ο παιδαγωγός παρατηρώντας την εργασία του παιδιού στην ομάδα, μπορεί να καθορίσει τον βαθμό βελτίωσης του παιδιού στον τομέα του προγραμματισμού και του ελέγχου, την ικανότητα μετάβασης από το ένα πρόγραμμα στο άλλο και ακόμη να παρατηρήσει τα στοιχεία της δημιουργικότητάς του.

Η εργασία με τις παράλληλες σειρές και με τις σειρές που έχουν αντίθετη κατεύθυνση, οδηγεί στο να ξεπεραστούν οι δυσκολίες της *μετάβασης από το ένα πρόγραμμα στο άλλο*, που χαρακτηρίζουν τα παιδιά με καθυστέρηση στη διαμόρφωση των συνηθειών του προγραμματισμού και του ελέγχου.

Βιβλιογραφία*

1. Venger, L. A., & Venger, A. L. (1994). *Is your child ready for school?* Moscow: Znanie.
2. Vygotsky, L. S. (1983). *The history of the development of higher mental functions.* Moscow: Znanie.
3. Davydov, V. V. (Ed.) (1990). *Psychological development of junior school-children.* Moscow: Pedagogika.
4. Dubrovina, I. V. (Ed.). (1991). *Workbook of a school psychologist.* Moscow: Prosveshchenie.
5. Luria, A. R. (1973). *Introduction to neuropsychology.* Moscow: Moscow State University.
6. Farber, D. A. (Ed.). (1990). *Structural and functional organization of the developing brain.* Moscow: Nauka.
7. Markovskaya, I. F. (1993). *Mental retardation: Clinical pathological diagnosis.* Moscow: Moscow State University.
8. Lebedinskiy, V. V., Markovskaya, I. F., Lebedinskaya, K. S., Fishman, M. N., & Trush, V. G. (1982). Clinical-neuropsychological and neurophysiological analysis of abnormalities of mental development of children with symptoms of "minimal brain dysfunction". In E. D. Khomskaya, L. S. Tsvetkova, & B. V. Zeigarnik (Eds.)*, A. R. Luria and contemporary psychology* (pp. 62–68). Moscow: Moscow University Press.
9. Galperin, P. (1967). The development of studies on the formation of mental acts. In *Psychological science in the USSR* (Vol. 1). Moscow: Moscow State University.

* Σ.τ.Μ. Οι πρωτότυπες πηγές είναι στα ρωσικά. Εδώ παρατίθενται στα αγγλικά για τη διευκόλυνση του αναγνώστη.

ΑΞΙΟΛΟΓΗΣΗ. Εισαγωγική εικόνα

Στόχος

Η αξιολόγηση του επίπεδου των γνώσεων του παιδιού πάνω στη στοιχειώδη αριθμητική.

Περιγραφή άσκησης

Ο παιδαγωγός ζητά από το παιδί να μετρήσει από το 1 έως το 10 βήμα προς βήμα και ύστερα από οποιονδήποτε άλλο αριθμό ορίσει (για παράδειγμα από το 3 έως το 8), να μετρήσει αντίστροφα από το 10 ή από έναν άλλο ορισμένο αριθμό (π.χ. από το 9 έως το 2), να διατάξει κάρτες με αριθμούς κατά σειρά, να τοποθετήσει δίπλα στις κάρτες με τους αριθμούς τις αντίστοιχες κάρτες με τελίτσες.

Σημείωση

Αν υπάρχουν λάθη που σχετίζονται με την οπτική σταθερότητα των αριθμητικών ψηφίων ή με δυσκολία στον συσχετισμό των εννοιών των αριθμών με τα αριθμητικά ψηφία, ο παιδαγωγός δίνει στο παιδί ένα σύνολο καρτών όπου ο αριθμός υποδεικνύεται με τελίτσες. Αν αυτό το είδος λαθών επαναλαμβάνεται, το σύνολο αυτών των καρτών μπορεί να χρησιμοποιηθεί και στο μέλλον.

Προσοχή!

Ανάλογα με τα αποτελέσματα της αξιολόγησης ο παιδαγωγός αποφασίζει σε ποιο βαθμό θα εργαστεί το παιδί με τις ασκήσεις του Κύκλου 1.

ΚΥΚΛΟΣ 1

ΚΥΚΛΟΣ 1

ΑΡΙΘΜΟΣΕΙΡΕΣ ΣΕ ΟΙΚΕΙΕΣ ΚΑΤΑΣΤΑΣΕΙΣ
(ΑΣΚΗΣΕΙΣ 1-10)

ΑΣΚΗΣΗ 1. Το ρεπάνι

Στόχοι

- Η διάγνωση της ικανότητας για εκτέλεση οδηγιών.
- Η εξασφάλιση της αναπαράστασης μιας οργανωμένης ακολουθίας.
- Ο έλεγχος της ικανότητας για τοποθέτηση των καρτελών σε σειρά με βάση τον αριθμό των προσώπων που αυξάνονται βαθμιαία.
- Η ενίσχυση της ικανότητας συσχέτισης της έννοιας των αριθμών με τα αριθμητικά ψηφία.
- Η ενίσχυση της αναπαράστασης της αριθμοσειράς.

Περιγραφή άσκησης

Ο παιδαγωγός και το παιδί ανακαλούν στοιχεία από το παραμύθι «Το ρεπάνι» (βλέπε Παράρτημα 1). Ο παιδαγωγός κόβει την αντίστοιχη σελίδα και βάζει μπροστά από το παιδί τις εικόνες σε τυχαία σειρά. Ο παιδαγωγός προτείνει στο παιδί να βρει εκείνη την εικόνα όπου απεικονίζεται μόνο ο παππούς να τραβάει το ρεπάνι, στη συνέχεια ζητάει από το παιδί να βρει και να προσθέσει την εικόνα, όπου δύο ήρωες τραβάνε το ρεπάνι κ.ο.κ. Σε περίπτωση δυσκολίας οι εικόνες τοποθετούνται από κοινού με τον παιδαγωγό. Στη συνέχεια ο παιδαγωγός ζητά από το παιδί να ελέγξει εάν οι εικόνες μπήκαν στη σωστή σειρά και το βοηθά να υπολογίσει ξανά τον αριθμό των ηρώων σε κάθε εικόνα. Ο παιδαγωγός δίνει στο παιδί μια σειρά από κάρτες με τους αριθμούς 1-5 και προτείνει στο παιδί να τις βάλει κάτω από την κατάλληλη εικόνα. Ο παιδαγωγός και το παιδί βρίσκουν από κοινού τα λάθη και τα διορθώνουν. Το παιδί ονομάζει τους αριθμούς, μόνο του ή με τη βοήθεια του παιδαγωγού.

Σημείωση

Ο παιδαγωγός καταγράφει τα λάθη και τις δυσκολίες που συναντά το παιδί κατά την ολοκλήρωση της σειροθέτησης των καρτών. Αν παρατηρήσει ότι το παιδί δυσκολεύεται, εφιστά την προσοχή του στις ακρινές κάρτες, προσέχοντας ότι κατευθύνεται αναλόγως η οπτική προσοχή του παιδιού ή τοποθετεί τις κάρτες κάθετα (η κάθετη σειροθέτηση διαμορφώνεται ευκολότερα από την οριζόντια).

Προσοχή!

Κατά τη διάρκεια εκτέλεσης της άσκησης ο παιδαγωγός αναλύει τα λάθη του παιδιού: αν αυτά συνδέονται με παρορμητικότητα, με την οπτική σταθερότητα των αριθμητικών ψηφίων, με δυσκολία προσανατολισμού στον χώρο (π.χ. κατοπτρική τοποθέτηση των αριθμών 3 και 5) ή/και με τη διάταξη των αριθμών.

ΑΣΚΗΣΗ 2. Το σπιτάκι

Στόχοι

– Η απομνημόνευση των τακτικών αριθμητικών επιθέτων «πρώτος», «δεύτερος» κ.ο.κ. μέσω των γεγονότων του παραμυθιού.

– Η επανάληψη της Άσκησης 1 με τη χρήση νέου υλικού.

Περιγραφή άσκησης

Ο παιδαγωγός και το παιδί ανακαλούν στοιχεία από το παραμύθι «Το ρεπάνι» (βλέπε Παράρτημα 1). Το παιδί και ο παιδαγωγός παρατηρούν τις εικόνες του παραμυθιού. Το παιδί δείχνει ποιος ήρθε πρώτος στο σπιτάκι, ποιος δεύτερος, ποιος τρίτος κ.ο.κ. Το παιδί απαντάει στις ερωτήσεις: «*Ο Ποντικός ήρθε πρώτος;*» «*Ενώ ο Βάτραχος;*», «*Ενώ ο Σκαντζόχοιρος;*» κ.ο.κ. Το παιδί δείχνει τους ήρωες με τη σειρά και εξιστορεί: «*Πρώτο ζωάκι, δεύτερο..*» κ.τ.λ.

Παιδαγωγός: «*Κοίτα την κάτω εικόνα και πες μου ποιο από τα ζωάκια ξέχασε να ζωγραφίσει ο καλλιτέχνης και πού μπέρδεψε τη σειρά*» [...] (από εδώ και πέρα ο παιδαγωγός περιμένει από το παιδί μια προφορική απάντηση ή την ανάλογη αντίδραση).

ΑΣΚΗΣΗ 3. Οι ζωγραφιές του ελέφαντα

Στόχοι

– Η ενίσχυση της αναπαράστασης της αριθμοσειράς.

– Η εργασία με τα αριθμητικά ψηφία.

Περιγραφή άσκησης

Παιδαγωγός: «*Έλα να ενώσουμε τις τελίτσες με την προτεινόμενη σειρά και θα δεις τι ζωγράφισε ο ελέφαντας*». Το παιδί και ο παιδαγωγός βρίσκουν μαζί την αρχή της σειράς και τον επόμενο αριθμό, το παιδί ενώνει στη συνέχεια μόνο του τις τελίτσες.

Παιδαγωγός: «*Βρήκες την επόμενη τελίτσα;*», «*Προς τα που θα κατευθύνεις τη γραμμή;*» [...]

Παρατήρηση

Η καθοδήγηση του παιδαγωγού (βοήθεια στην οργάνωση, από κοινού εκτέλεση) εξαρτάται από την επιτυχία που σημειώνει το παιδί.

ΑΣΚΗΣΗ 4. Μεγάλα σπίτια

Στόχοι

– Η εργασία με αριθμοσειρές έως το 5 ή έως το 10 σε αύξουσα ή φθίνουσα διάταξη.

– Η εξάσκηση της γραφής των αριθμητικών ψηφίων.

– Η πραγματοποίηση της μετάβασης των συνηθειών, που αποκτήθηκαν στα προηγούμενα μαθήματα, σε πρακτική εφαρμογή.

Περιγραφή άσκησης

Παιδαγωγός: «*Για μέτρησε, πόσα ισόγεια έχει αυτό το σπίτι;*» [...]. «*Πόσους ορόφους έχει;*» [...]. «*Αρίθμησε τους ορόφους*» [...]. «*Ανέβα με τις σκάλες στον πέμπτο όροφο ονομάζοντας τους ορόφους*» [...]. «*Κατέβα από τον πέμπτο όροφο ονομάζοντας τους ορόφους*» [...]. Παιδαγωγός: «*Πες μου, πόσους ορόφους έχει το δεύτερο σπίτι;*» [...]. «*Ανέβα με το ασανσέρ από τον πέμπτο όροφο στον δέκατο ονομάζοντας τους ορόφους*» [...]. «*Τώρα κατέβα από τον δέκατο στον όγδοο. Ποιόν όροφο πέρασες;*» [...]. «*Τώρα κατέβα από τον*

όγδοο στον πέμπτο. Ποιους ορόφους πέρασες;» [...]. «Βρισκόμαστε στον δέκατο όροφο. Εγώ θα ονομάζω τον έναν όροφο και εσύ τον άλλο» [...].

Σε μια παραλλαγή αυτής της άσκησης με μεγαλύτερο βαθμό δυσκολίας προστίθεται η μετάβαση από την κανονική στην αντίστροφη μέτρηση.

Παιδαγωγός: «Μένεις στον τέταρτο όροφο. Έλα να πάμε στον φίλο σου τον Αλέξη στον έβδομο όροφο» [...]. «Και τώρα πάμε στη Μαρία στον τρίτο όροφο» [...]. «Θα ονομάσουμε με τη σειρά όλους τους ορόφους. Θέλεις να πάμε πάνω ή κάτω;»

Εάν παρουσιαστούν δυσκολίες στην αντίστροφη απαρίθμηση των ορόφων, τότε η απαρίθμηση αυτή γίνεται μαζί με τον παιδαγωγό.

ΑΣΚΗΣΗ 5. Ο Παπουτσωμένος γάτος στις σκάλες
Στόχοι
— Η χρησιμοποίηση της κανονικής και της αντίστροφης μέτρησης από την αρχή.
— Η χρησιμοποίηση της κανονικής και της αντίστροφης μέτρησης από έναν ορισμένο αριθμό.

Περιγραφή άσκησης
Παιδαγωγός: «Θυμάσαι πώς ο παπουτσωμένος γάτος πήγε στο κάστρο του κακού γίγαντα; Δείξε μου, από ποια σκάλα ανέβηκε ο γάτος στο κάστρο;» [...]. «Ονόμασέ μου τα σκαλοπάτια». [...] «Και από ποια σκάλα κατέβηκε;» [...]. «Ονόμασέ μου αυτά τα σκαλοπάτια».

Παιδαγωγός: «Και τώρα έλα να παίξουμε τον παπουτσωμένο γάτο. Ανέβα τις σκάλες μετρώντας τα σκαλοπάτια» [...]. «Πώς σου φάνηκε; Κατάφερες να μεταμορφώσεις τον κακό γίγαντα σε μικρό ποντικάκι. Και τώρα κατέβα μετρώντας τα σκαλοπάτια δυνατά» [...]. Η αντίστροφη μέτρηση πραγματοποιείται από το παιδί μόνο του ή από κοινού με τον παιδαγωγό.

Παιδαγωγός: «Βρίσκεσαι στο όγδοο σκαλοπάτι, κατέβα στο τρίτο» [...]. «Τώρα ανέβα στο πέμπτο» [...]. «Κατέβα στο πρώτο» [...]. «Ανέβα πάνω και κατέβα κάτω προσπερνώντας ένα σκαλοπάτι τη φορά» [...].

ΑΣΚΗΣΗ 6. Σπιτάκια
Στόχοι
— Η εξάσκηση της επιλεκτικής ανάκλησης μονών ή ζυγών αριθμών (1, 3, 5, 7 ή 2, 4, 6).
— Η εξάσκηση της οπτικής προσοχής.

Περιγραφή άσκησης
Παιδαγωγός: «Το καλοκαίρι τα αγόρια και τα κορίτσια έμεναν στον ίδιο δρόμο στην εξοχή. Στη μια πλευρά του δρόμου τα αγόρια και στην άλλη τα κορίτσια. Τα σπιτάκια αυτού του δρόμου ήταν μαγικά, είχαν τη δυνατότητα να τρέχουν κι έτσι τα παιδιά μπορούσαν να ταξιδεύουν, όταν ήταν μέσα σ' αυτά. Αλλά μια φορά τα σπιτάκια μπερδεύτηκαν και χάθηκαν. Βοήθησε τα σπιτάκια να ξαναβρεθούν. Αρχικά κύκλωσε τους αριθμούς των σπιτιών των αγοριών και βοήθησέ τα να βρουν σε ποια πλευρά του δρόμου έμεναν. Συμπλήρωσε τους αριθμούς των σπιτιών των αγοριών με τη σειρά» [...].

Παιδαγωγός: «Κύκλωσε με άλλο χρώμα τα νούμερα των σπιτιών στα οποία μένουν τα κορίτσια, και βρες τα νούμερα τους στον δρόμο» [...].

Παιδαγωγός: *«Δείξε στα σπιτάκια πώς να γυρίσουν στη θέση τους: ζωγράφισε δρομάκια πρώτα για τα αγόρια και μετά για τα κορίτσια»* [...]

Παιδαγωγός: *«Ονόμασε τα νούμερα των σπιτιών: Πρώτα προχώρα προς μια κατεύθυνση και μετά προς την αντίθετη»* [...].

Παιδαγωγός: *«Παρατήρησε τα αγόρια και πες μου σε τι διαφέρουν μεταξύ τους. Στη συνέχεια παρατήρησε τις διαφορές μεταξύ των κοριτσιών»* [...].

ΑΣΚΗΣΗ 7. Ακορντεόν
Στόχοι
- Η εργασία με τη χρήση του προγράμματος.
- Η ενίσχυση της φυσικής ακολουθίας των αριθμών.
- Η ενίσχυση της σειράς των μονών και των ζυγών αριθμών.
- Η ενίσχυση της οπτικής προσοχής.

Περιγραφή άσκησης

Παιδαγωγός: *«Αυτό είναι ένα αγόρι που παίζει ακορντεόν. Έλα να συνεχίσουμε τη ζωγραφιά του ακορντεόν του για να μπορέσει να παίξει. Για να το πετύχουμε αυτό πρέπει να ενώσουμε τις τελίτσες. Και το πώς μπορούμε να τις ενώσουμε το υποδεικνύουν οι αριθμοί. Δείξε πώς σκοπεύεις να ενώσεις τις τελίτσες»* [...]. (Αν το παιδί δείχνει να ξέρει τη σωστή ακολουθία των αριθμών, από το 1 ως το 2 κ.ο.κ., του δίνουμε το μολύβι, αν πάλι δείχνει να μη τη γνωρίζει, συζητάμε τις σωστές κινήσεις και μετά το αφήνουμε να ενώσει τις τελίτσες).

Παιδαγωγός: *«Τις τελίτσες μπορούμε να τις ενώσουμε και διαφορετικά. Τι πιστεύεις; Τι άλλο μπορούμε να συμπληρώσουμε στη ζωγραφιά;»* [...]. *«Σωστά, μια γραμμή από πάνω και μια γραμμή από κάτω. Ονόμασε ποιους αριθμούς ενώνεις από πάνω και ποιους από κάτω»* [...].

ΑΣΚΗΣΗ 8. Τηλέφωνο
Στόχοι
- Η εξάσκηση στην τήρηση του προγράμματος.
- Η εξάσκηση της οπτικής προσοχής.

Περιγραφή άσκησης

Ο παιδαγωγός δείχνει στο παιδί τη σελίδα με την άσκηση: *«Εσύ σπίτι σου έχεις τηλέφωνο;»* [...]. *«Και σε τι μοιάζει;»* [...]. *«Έχεις δει ποτέ σου σε κάποιον άλλο διαφορετικό τηλέφωνο;»* [...]. *«Σου αρέσει να μιλάς στο τηλέφωνο;»* [...]. Ο παιδαγωγός δείχνει τα τηλέφωνα και ζητάει από το παιδί να τα συγκρίνει. Και μετά εξιστορεί: *«Τώρα βρισκόμαστε στο εργοστάσιο όπου κατασκευάζουν τηλέφωνα. Ποιο από τα δυο τηλέφωνα δεν είναι ολοκληρωμένο; Τι πιστεύεις ότι πρέπει να προσθέσουμε;»* [...]. *«Ολοκλήρωσε το φτιάξιμο του τηλεφώνου».*

ΑΣΚΗΣΗ 9. Το ρολόι – 1
Στόχοι
- Η βελτίωση της εργασίας με την αριθμοσειρά.
- Η εισαγωγή του ήδη γνωστού υλικού σε πλαίσιο με κοινωνική σημασία.

Περιγραφή άσκησης

Ο παιδαγωγός δείχνει στο παιδί τη σελίδα με την άσκηση και λέει: «Σήμερα θα είσαι ο ρολογάς και θα δουλεύεις στο εργαστήριο όπου φτιάχνουν τα ρολόγια. Πες μου τι ρολόγια έχεις σπίτι σου (χειρός, ξυπνητήρι, τοίχου). Κοίτα τι ρολόι έχω εγώ (εδώ είναι μια καλή ευκαιρία να χρησιμοποιήσουμε ένα ρολόι με δείκτες που γυρνάνε). Ποιος είναι ο δείκτης που δείχνει την ώρα; Δείξε τον μου». [...]. «Και ποιος είναι ο δείκτης που δείχνει τα λεπτά;» [...] «Ποιον αριθμό δείχνει ο δείκτης της ώρας;» [...]. «Άρα, τι ώρα είναι;» [...].

Παιδαγωγός: «Ήρθε η ώρα να δουλέψουμε. Ελπίζω να μην ξέχασες ότι σήμερα έχεις τον ρόλο του ρολογά. Κοίτα τα ρολόγια. Αυτά βρίσκονται στο εργαστήριό σου. Το ένα ρολόι είναι ήδη επισκευασμένο, το άλλο όμως όχι. Ποιο ρολόι έχεις φτιάξει ήδη;» [...]. «Και τι πρέπει να διορθώσεις στο άλλο;» [...].

ΑΣΚΗΣΗ 10. Οι αριθμοί στα παραθυράκια –1 (Αξιολόγηση)

Στόχοι

— Η συμπλήρωση των ασκήσεων σύμφωνα με το πρόγραμμα.
— Η επαλήθευση του αποτελέσματος της εργασίας.

Περιγραφή άσκησης

Παιδαγωγός: «Κοίτα τον πάνω πίνακα» [...]. «Ποιοι αριθμοί λείπουν εδώ; Ονόμασέ τους!» [...].

Σε περίπτωση δυσκολίας, ο παιδαγωγός εφιστά την προσοχή του παιδί στον πίνακα με όλους τους αριθμούς. Έπειτα ο πίνακας συμπληρώνεται γραπτώς.

Παιδαγωγός: «Έλεγξε αν συμπλήρωσες σωστά τον πίνακα. Σύγκρινέ τον με τον από κάτω πίνακα» [...]. Το παιδί συμπληρώνει τον πίνακα γραπτώς.

Με τον ίδιο τρόπο εκτελείται η εργασία με τον δεύτερο πίνακα.

ΚΥΚΛΟΣ 2

ΚΥΚΛΟΣ 2

ΑΥΞΟΥΣΕΣ ΑΡΙΘΜΟΣΕΙΡΕΣ
(ΑΣΚΗΣΕΙΣ 11–20)

ΑΣΚΗΣΗ 11. Οι στρατιώτες στο πόστο τους

Προσοχή! Αυτή η άσκηση είναι η πρώτη από μία σειρά ασκήσεων που σχετίζονται με τον εντοπισμό και την ορθή διάταξη των αριθμών με τη χρήση πινάκων όπου οι αριθμοί είναι τοποθετημένοι τυχαία (πίνακες Σούλτε). Η άσκηση έχει στόχο να εξοικειώσει το παιδί με αυτό το είδος της εργασίας. Εδώ η δράση σύμφωνα με το πρόγραμμα είναι περισσότερο βαθμιαία και γίνεται βήμα-βήμα. Στη συνέχεια τα βήματα μειώνονται και το πρόγραμμα πραγματοποιείται περιληπτικά καθώς εσωτερικεύεται σταδιακά από το παιδί.

Στόχος
— Η εργασία με σκοπό την πραγματοποίηση των βημάτων του εξωτερικού προγράμματος.

Περιγραφή άσκησης

Ο παιδαγωγός και το παιδί έχουν δύο ομάδες από αριθμούς από το 1 ως το 9 μικρού μεγέθους (θα ήταν βολικό να χρησιμοποιηθούν αριθμοί από κάποιο παιχνίδι).

Παιδαγωγός: «*Φαντάσου πως αυτοί είναι στρατιώτες. Εγώ θα βάλω τη μια διμοιρία σε τάξη και εσύ την άλλη*».

Ο παιδαγωγός και το παιδί τοποθετούν παράλληλα στον πίνακα δυο σειρές αριθμών από το 1 ως το 9. Το παιδί βάζει τους αριθμούς του στα άδεια τετραγωνάκια, ο παιδαγωγός πάνω από τα τετραγωνάκια.

Παιδαγωγός: «*Τώρα κοίτα τον πίνακα. Κάθε στρατιώτης έχει το πόστο του. Η δική σου διμοιρία πάει να ελέγξει τα πόστα. Βάλε τον στρατιώτη εκεί που είναι το πόστο νούμερο 1*». Το παιδί βάζει την καρτέλα με τον αριθμό 1 στο αντίστοιχο τετραγωνάκι του πίνακα, ύστερα τοποθετεί την καρτέλα με τον αριθμό 2 κ.ο.κ.

Παιδαγωγός: «*Τώρα είσαι ο αρχηγός, εσύ ελέγχεις τα πόστα. Έλεγξε όλα τα πόστα με τη σειρά. Είναι όλοι στη θέση τους;*»

Το παιδί δείχνει τους αριθμούς από το 1 ως το 9 και τους ονομάζει. Σε περίπτωση δυσκολίας, ο παιδαγωγός εφιστά την προσοχή του παιδιού στο πρόγραμμα, στη δική του διμοιρία.

Παιδαγωγός: «*Τα ήλεγξες; Είναι όλα σωστά; Τώρα ήρθε η ώρα να πάνε οι στρατιώτες στη θέση τους. Πρώτα επιστρέφει από το πόστο του ο στρατιώτης νούμερο 1, μετά ο νούμερο 2 κ.ο.κ.*» Το παιδί τοποθετεί τις καρτέλες με τη σειρά, από το 1 ως το 9, στις προηγούμενες θέσεις.

Παιδαγωγός: «*Στέκονται οι στρατιώτες τις διμοιρίας σου όπως στέκονται οι δικοί μου; Για έλεγξέ το*».

Παρατήρηση

Για να μάθει να αναζητεί τους αριθμούς με οργανωμένο τρόπο, το παιδί πρέπει να μετακινήσει τους «στρατιώτες» στα «πόστα» τους σύμφωνα με μία ορισμένη διαδρομή: από τα αριστερά στα δεξιά και από την πάνω γραμμή στην κάτω.

ΑΣΚΗΣΗ 12. Βρες και χρωμάτισε – 1
Στόχοι
— Η εργασία σύμφωνα με το δοσμένο πρόγραμμα.
— Η ενίσχυση της αριθμοσειράς και των αριθμητικών ψηφίων.
— Η εξάσκηση του οπτικο-κινητικού συντονισμού.

Περιγραφή άσκησης

Το παιδί και ο παιδαγωγός βρίσκουν τους αριθμούς με τη σειρά. Το παιδί χρωματίζει από το 1 ως το 5 με ένα χρώμα και από το 6 ως το 10 με άλλο. Το παιδί δείχνει και ονομάζει τους αριθμούς με αύξουσα σειρά.

ΑΣΚΗΣΗ 13. Σκιουράκι και χρώματα
Στόχοι
— Η από κοινού εργασία σύμφωνα με το εξωτερικό πρόγραμμα.
— Η ενίσχυση της αναπαράστασης της αριθμοσειράς.
— Η εξάσκηση του οπτικο-κινητικού συντονισμού.

Προσοχή! Συνηθισμένη δοκιμασία οπτικο-κινητικής ιχνηλάτησης («trail making test»). Αυτή η άσκηση εισάγει το παιδί στις επόμενες παρόμοιες ασκήσεις. Το πρόγραμμα δράσης (ακολουθία μονοψήφιων αριθμών) είναι εξωτερικό.

Περιγραφή άσκησης

Παιδαγωγός: *«Το σκιουράκι είχε κάποιες μπογιές. Αυτές βρίσκονταν σε ένα κουτάκι σε μια σειρά μαζί με το πινέλο. Το σκιουράκι πήρε το πινέλο και τα χρώματα έπεσαν. Κοίτα πώς είναι τοποθετημένα και βοήθησε το σκιουράκι να τα βάλει στη θέση τους. Δείξε στο σκιουράκι πώς πρέπει να μαζέψει τις μπογιές. Από ποια μπογιά πρέπει να αρχίσει;»* [...]. *«Πού είναι η επόμενη; Δείξε την»* [...]. (Αν το παιδί δείχνει την πορεία από το κυκλάκι 1 στο κυκλάκι 2 σωστά, τότε παίρνει ένα μολύβι και ενώνει τους κύκλους με μια γραμμή).

Παιδαγωγός: *«Βρες την επόμενη μπογιά. Δείξε τη μου»* [...]. *«Ζωγράφισε τη γραμμή που ενώνει τους κύκλους [...]»*.

Στην περίπτωση που παρουσιάζονται δυσκολίες ο παιδαγωγός εφιστά την προσοχή του παιδιού στο παράδειγμα και δείχνει τον τελευταίο αριθμό που είχε βρει το παιδί ώστε αυτό να μπορέσει να συνεχίσει βλέποντας το παράδειγμα. Ύστερα το παιδί επαναλαμβάνει την πορεία που σχημάτισε και χρωματίζει τα κυκλάκια με τη σειρά.

ΑΣΚΗΣΗ 14. Πινόκιο – 1

Προσοχή! Η άσκηση αυτή αποτελεί συνέχεια της εργασίας με τους πίνακες Σούλτε. Σε αντίθεση με την άσκηση 11, η εκτέλεση της οποίας υποδείχθηκε βήμα - βήμα, στην άσκηση αυτή το πρόγραμμα επεξηγείται περιληπτικά. Αν στην προηγούμενη περίπτωση το παιδί έπρεπε απλά να πάρει την καρτέλα με τον αριθμό στο χέρι του και να βρει την

ίδια καρτέλα στον πίνακα, εδώ πρέπει να θυμάται όλο το πρόγραμμα και μόνο όταν δυ-σκολεύεται να κοιτάει το πρόγραμμα σαν σημείο αναφοράς. Στην περίπτωση λάθους, εάν το παιδί δεν ανατρέξει από μόνο του στο πρόγραμμα, ο παιδαγωγός θα πρέπει να του το υπενθυμίσει. Εντοπίζουν από κοινού τον αριθμό στον οποίο βρίσκονται και τον αριθμό που ακολουθεί.

Για τα παιδιά που δυσκολεύονται να βρουν τον σωστό αριθμό μπορούμε να προτεί-νουμε ένα πιο περιορισμένο πεδίο αναζήτησης: τον αριθμό που έχει ήδη βρει το παιδί μπορεί να τον καλύψει ή να τον διαγράψει.

Στόχος
– Η εργασία με σκοπό την εσωτερίκευση του προγράμματος, ώστε να χρησιμοποιηθεί στην αναζήτηση της ορθής σειράς των αριθμών που είναι τοποθετημένοι τυχαία.

Περιγραφή άσκησης
Παιδαγωγός: *«Ποιος είναι ζωγραφισμένος εδώ;»* [...]. *«Σωστά, είναι ο Πινόκιο. Του ανέθεσαν να βρει τους αριθμούς. Και το πώς πρέπει να τους αναζητήσει κανείς, το γράφει πάνω. Εσύ κατάλαβες πώς πρέπει να τους αναζητήσεις;»* [...]. *«Δείξε και στον Πινόκιο πώς πρέπει να το κάνει».* Το παιδί δείχνει τους αριθμούς στον πίνακα και ο παιδαγωγός μετα-κινεί τον δείκτη του από αριθμό σε αριθμό. Σε περίπτωση λάθους ο παιδαγωγός εφιστά την προσοχή του παιδιού στο συγκεκριμένο σημείο του προγράμματος.

Σε μια άλλη, απλούστερη εκδοχή, το παιδί (ως Πινόκιο) σημειώνει με μάρκες τους αριθμούς που βρήκε. Παιδαγωγός: *«Και τώρα ας μας δείξει όλους τους αριθμούς ο Πινό-κιο. Πώς θα το κάνει;»* Το παιδί ξαναδείχνει τους αριθμούς.

ΑΣΚΗΣΗ 15. Η πτήση της μέλισσας
Στόχοι
– Η σταδιακή εσωτερίκευση του προγράμματος της ακολουθίας μίας διαδρομής.
– Η ενίσχυση της αριθμοσειράς.
– Η εξάσκηση του οπτικο-κινητικού συντονισμού.
– Η εξάσκηση της εκούσιας προσοχής, της επιλεκτικής προσοχής και του ελέγχου.

Περιγραφή άσκησης
Το παιδί τοποθετεί τις καρτέλες με τους αριθμούς στη σειρά και τις ονομάζει, ελέγχο-ντας την ορθότητα της σειράς.

Παιδαγωγός: *«Έλα να θυμηθούμε πώς πετάνε το καλοκαίρι οι μέλισσες από λουλούδι σε λουλούδι. Σε αυτήν την εικόνα απεικονίζεται πώς η σφήκα πετούσε από λουλούδι σε λουλούδι. Έλα να ζωγραφίσουμε το πώς πετούσε».*

Το παιδί ακολουθεί τη διαδρομή. Ο παιδαγωγός ελέγχει αν το παιδί χρειάζεται να χρησιμοποιήσει το πρόγραμμα και αν υπάρχει ανάγκη του το υπενθυμίζει.

ΑΣΚΗΣΗ 16. Μπαλονάκια για τους αθλητές
Στόχοι
– Η εξάσκηση σύμφωνα με το πρόγραμμα.
– Η εμπέδωση της αριθμοσειράς.
– Η εξάσκηση του οπτικο-κινητικού συντονισμού.

– Η εξάσκηση της εκούσιας προσοχής, της επιλεκτικής προσοχής, του καταμερισμού της προσοχής και του ελέγχου.

Περιγραφή άσκησης

Το παιδί τοποθετεί με τη σειρά τις καρτέλες με τους αριθμούς από το 1 ως το 10.

Παιδαγωγός: *«Έλα να τοποθετήσουμε τους αριθμούς σε δυο ομάδες. Για τον λόγο αυτό κάθε δεύτερο αριθμό θα τον βάζουμε χαμηλότερα στη σειρά»* [...].

Στο τραπέζι πρέπει να δημιουργηθούν δυο σειρές αριθμών: τα μονά και τα ζυγά.

Παιδαγωγός: *«Έλα να ονομάσουμε τους αριθμούς. Εγώ θα ονομάζω τους αριθμούς της πρώτης σειράς και εσύ της δεύτερης»* [...]. *«Και τώρα ανάποδα, εγώ θα ονομάζω τους αριθμούς της δεύτερης σειράς και εσύ της πρώτης»* [...].

Παιδαγωγός: *«Το αρκουδάκι κουβαλάει σε μια αθλητική γιορτή μπαλόνια. Θέλει να τα μοιράσει σε δυο ομάδες. Στη μια τα κόκκινα και στην άλλη τα μπλε. Έλα να χρωματίσουμε τα μπαλόνια. Για την πρώτη ομάδα με κόκκινο χρώμα (δείχνει την πάνω σειρά των μονών αριθμών) και για τη δεύτερη με μπλε (δείχνει την κάτω σειρά των ζυγών αριθμών)».*

Το παιδί χρωματίζει τα μπαλόνια πρώτα με κόκκινη ξυλομπογιά και μετά με μπλε. Αν μπερδεύεται, ο παιδαγωγός του υπενθυμίζει την εκφώνηση.

Παιδαγωγός: *«Όλα τα παιδιά της πρώτης ομάδας έχουν τα ίδια μπαλόνια; Και τα παιδιά της δεύτερης ομάδας; Έλα να το ελέγξουμε μαζί».*

Το παιδί και ο παιδαγωγός ονομάζουν τον πρώτο αριθμό της πάνω σειράς του προγράμματος, ύστερα βρίσκουν και ονομάζουν τον ίδιο αριθμό στα μπαλόνια, και μετά το ίδιο με τον δεύτερο αριθμό της πάνω σειράς κ.τ.λ.

ΑΣΚΗΣΗ 17. Ποιος είναι πιο γρήγορος; – 1

Προσοχή! Η εργασία μπορεί να γίνει σε επίπεδο 1:1 (συναγωνισμός με τον παιδαγωγό) ή σε επίπεδο ομάδας (συναγωνισμός μεταξύ των παιδιών).

Στόχοι

– Η απόκτηση της εσωτερίκευσης του προγράμματος αναζήτησης των ψηφίων.
– Η αύξηση του κινήτρου για την εκτέλεση της εργασίας μέσω του συναγωνισμού.
– Η εξάσκηση της συγκέντρωσης της προσοχής.

Περιγραφή άσκησης

«Τα ζώα συναγωνίζονται για το ποιο θα βρει πιο γρήγορα τους αριθμούς με τη σειρά χωρίς να κάνει λάθος. Εσύ ποιόν θα βοηθάς;» [...]. *«Εγώ θα βοηθήσω το αρκουδάκι. Εδώ έχουμε και το χρονόμετρο. Όταν θα αρχίσεις να ψάχνεις τους αριθμούς θα το ενεργοποιήσω, για να δούμε πόσο γρήγορα θα τα βρεις όλα. Το σημαντικό είναι να μη κάνεις λάθος».*

Το παιδί δείχνει τους αριθμούς. Ο χρόνος και τα λάθη καταγράφονται.

Παιδαγωγός: *«Τώρα θα ψάξουμε εμείς με το αρκουδάκι και εσείς με τον σκαντζόχοιρο θα παρακολουθείτε αν θα κάνουμε λάθη».*

Ο παιδαγωγός κάνει επίτηδες λάθος: παραλείπει έναν αριθμό ή μπερδεύει τους τα ψηφία που μοιάζουν, όπως το 7 με το 1 ή το 6 με το 9. Το παιδί παρατηρεί το λάθος και το λέει στον παιδαγωγό.

Παρατήρηση
Η εργασία σε ομάδα λειτουργεί αντίστοιχα. Τα παιδιά μπορούν να ανταλλάσσουν πίνακες ή να περνάνε στο επόμενο βήμα.

ΑΣΚΗΣΗ 18. Μπάλα χριστουγεννιάτικου δέντρου
Στόχοι
– Η εργασία για τη δημιουργία προγράμματος.
– Η εργασία σύμφωνα με το πρόγραμμα με την προϋπόθεση δυο συνθηκών (σειρά αριθμού και χρώμα).
Περιγραφή άσκησης
Παιδαγωγός και παιδί θυμούνται τις προηγούμενες ασκήσεις. Ο παιδαγωγός καθοδηγεί το παιδί προς τη δημιουργία προγράμματος αναζήτησης αριθμών στη μπάλα. Το παιδί γράφει τους αριθμούς στα κυκλάκια της πάνω σειράς.

Παιδαγωγός: *«Πες μου, τι πρέπει να κάνεις τώρα; Τι κάνουμε συνήθως;»* [...]. *«Σωστά. Πρέπει να δείξουμε τους αριθμούς. Δείξε τους»* [...].

Ο παιδαγωγός προτείνει να στολίσουν την μπάλα, κυκλώνοντας τους αριθμούς με τη σειρά με τρία χρώματα: κόκκινο, κίτρινο και πράσινο. Για να μη κάνει λάθος το παιδί, ο παιδαγωγός το συμβουλεύει να χρωματιστεί πρώτα το πρόγραμμα και μετά σύμφωνα με αυτό να χρωματιστούν και οι αριθμοί πάνω στη μπάλα.

Το παιδί ονομάζει και μετά δείχνει με τη σειρά τους αριθμούς του κόκκινου, μετά του πράσινου και μετά του κίτρινου χρώματος.

ΑΣΚΗΣΗ 19. Πινόκιο – 2
Προσοχή! Περνάμε στην εκτέλεση αυτής της άσκησης μόνο αν το παιδί έδειξε να κατανοεί το πρόγραμμα των προηγούμενων ασκήσεων με τους αριθμούς μέχρι και το 9.
Στόχοι
– Η εκτέλεση των δράσεων σύμφωνα με το πρόγραμμα σε πολυπλοκότερες συνθήκες.
– Η πραγματοποίηση ασκήσεων προσανατολισμού στον χώρο.
Περιγραφή άσκησης
Παιδαγωγός: *«Ο Πινόκιο έλαβε νέα άσκηση, η οποία του φαίνεται πολύ δύσκολη. Είναι μάλιστα στεναχωρημένος. Ξέρεις τι άσκηση του δώσανε; Εδώ πάνω έχει έναν πίνακα. Τους ξέρεις αυτούς τους πίνακες. Ο Πινόκιο πρέπει να σχηματίσει έναν ίδιο από κάτω. Μόνο που η συμπλήρωση των αριθμών πρέπει να γίνει οπωσδήποτε με τη σειρά: πρώτα το 1, μετά το 2. Βοήθησε σε παρακαλώ τον Πινόκιο. Δείξε του πού πρέπει να βάλει τον αριθμό 1»* [...]. *«Σωστά, βρίσκεται στο ίδιο σημείο όπως και στον πάνω πίνακα».* Το παιδί συμπληρώνει τον πίνακα.

Παιδαγωγός: *«Έλα να το ελέγξουμε. Εγώ θα βρίσκω τους αριθμούς στον πάνω πίνακα και εσύ στον κάτω»* [...].

ΑΣΚΗΣΗ 20. Αριθμοί σε παραθυράκια – 2 (Αξιολόγηση)
Προσοχή! Σε αντίθεση με τις προηγούμενες, η παρούσα άσκηση δεν εκτελείται με στυλ παιχνιδιού.

Στόχος

– Ο έλεγχος της ικανότητας τήρησης του προγράμματος της αριθμοσειράς από το 1 ως το 10 σε άσκηση με μη-παιγνιώδη χαρακτήρα.

Περιγραφή άσκησης

Παιδαγωγός: *«Κοίτα την πάνω σειρά αριθμών. Ονόμασέ τους»* [...]. *«Είναι όλοι οι αριθμοί τοποθετημένοι με τη σειρά; Δεν λείπει κανένας;»* [...]. *«Και στον επόμενο πίνακα έχει λάθη; Ξέρεις πώς να τα διορθώσεις;»* [...]. *«Πρώτα σκέψου το καλά-καλά και μετά συμπλήρωσε τον πίνακα σωστά»* [...].

Ο παιδαγωγός παρατηρεί αν υπάρχουν προβλήματα με την επιλογή των αριθμών, αν το παιδί ελέγχει ή όχι την πάνω σειρά. Αν ο πρώτος πίνακας έχει συμπληρωθεί σωστά, τότε αυτός και το πρόγραμμα-παράδειγμα κρύβονται και το παιδί συμπληρώνει τον επόμενο πίνακα χωρίς καμία βοήθεια. Αν το παιδί κάνει λάθος στον πρώτο πίνακα, ο παιδαγωγός αφήνει ορατό το πρόγραμμα και ελέγχει αν το παιδί από μόνο του το χρησιμοποιεί σαν υπόδειγμα. Αν όχι, ο παιδαγωγός προσπαθεί να επιστήσει την προσοχή του παιδιού στο πρόγραμμα.

Προσοχή! Αν το παιδί εκτελεί με επιτυχία την άσκηση αξιολόγησης, ο παιδαγωγός μπορεί να περάσει στις ασκήσεις επόμενου κύκλου. Αν το παιδί κάνει λάθη, ο παιδαγωγός δίνει καινούργιες ασκήσεις και τις συνδυάζει με την επανάληψη των προηγούμενων.

ΚΥΚΛΟΣ 3

ΚΥΚΛΟΣ 3

ΠΟΣΟΤΗΤΕΣ ΣΕ ΑΥΞΟΥΣΑ ΔΙΑΤΑΞΗ
(ΑΣΚΗΣΕΙΣ 21-30)

ΑΣΚΗΣΗ 21. Μανιτάρια
Στόχοι
- Η εξάσκηση της συνήθειας για αφηρημένη εργασία με τις ποσότητες.
- Η ενίσχυση της αντιστοίχισης του αριθμού με την ποσότητα.
- Η εξάσκηση της εκούσιας προσοχής.

Περιγραφή άσκησης

Παιδαγωγός: «Ένα αγόρι είχε πάει να μαζέψει μανιτάρια. Πρώτα βρήκε έξι μανιτάρια, μετά βρήκε άλλο ένα. Μέτρα πόσα μανιτάρια βρήκε στην αρχή και πόσα βρήκε μετά [...]. Πόσα μανιτάρια απέκτησε τελικά; Βρες αυτή την εικόνα» [...]. «Και μετά βρήκε άλλο ένα μανιτάρι» [...] κ.ο.κ.

Παιδαγωγός: «Ζωγράφισε τον δρόμο που ακολούθησε το αγόρι» (επιπλέον βοήθεια για τη δημιουργία της σειράς) [...]. «Μέτρα πόσα μανιτάρια βρήκε το αγόρι αρχικά» [...]. «Σημείωσέ το» [...]. «Και μετά;» [...]. «Σημείωσέ το» [...]. «Ονόμασε με τη σειρά, πόσα μανιτάρια βρήκε το αγόρι» [...].

ΑΣΚΗΣΗ 22. Τα περιδέραια
Στόχοι
- Η ενίσχυση της συνήθειας της αφηρημένης σκέψης με ποσότητες.
- Η ενίσχυση της αντιστοίχισης της έννοιας των αριθμών με τα αριθμητικά ψηφία.
- Η εξάσκηση γραφικών συνηθειών και της συνήθειας της βαθμιαίας εργασίας.

Περιγραφή άσκησης

Ο παιδαγωγός προτείνει στο παιδί να ζωγραφίσει διάφορα περιδέραια με 2, 3, 4, 5 χάντρες κ.ο.κ. Το παιδί ζωγραφίζει και ονομάζει τις χάντρες με τη σειρά. Ο παιδαγωγός προτείνει διάφορα προγράμματα χρωματισμού των χαντρών με την εναλλαγή 2 ή 3 χρωμάτων και το παιδί τις χρωματίζει.

ΑΣΚΗΣΗ 23. Κωδικοποίηση – 1
Προσοχή! Αυτή η άσκηση χρησιμοποιείται συχνά στα τεστ που ελέγχουν την εκούσια προσοχή, την επιλεκτικότητα και την ικανότητα για εργασία. Η άσκηση αυτή έχει προσαρμοστεί από εμάς με δυο τρόπους:

1. Η κωδικοποίηση γίνεται βάσει της αντιστοίχισης του αριθμού με τον αριθμό των τελειών που έχει κάθε σχήμα (π.χ. τρίγωνο – τρία, τετράγωνο – τέσσερα).

2. Η άσκηση χωρίζεται σε στάδια. Ζητείται από το παιδί να κωδικοποιήσει χρωματί-ζοντας τα σχήματα ακολουθώντας προφορικές οδηγίες.

Στόχοι
– Η ανάπτυξη της συνήθειας τήρησης του προτεινόμενου προγράμματος (οπτικού ή προφορικού).
– Η εξάσκηση της συνήθειας για ανεξάρτητη δράση σύμφωνα με το πρόγραμμα.
– Η εξάσκηση της επιλεκτικής δράσης.
– Η βελτίωση της ικανότητας για εργασία.
– Η εκμάθηση της αντιστοίχισης σχημάτων με αριθμούς.
– Η ενίσχυση της οπτικής εικόνας και της συνήθειας της γραφής των αριθμών.

Περιγραφή εκτέλεσης της 1ης παραλλαγής
Το παιδί και ο παιδαγωγός ξεχωρίζουν τελείες από τις φιγούρες και διαπιστώνουν ότι το σύνολό τους αυξάνεται από το 1 ως το 5. Το παιδί, με ανάλογο τρόπο, ταξινομεί τις τελείες πρώτα στο έτοιμο παράδειγμα (τα πρώτα πέντε σχήματα στην πρώτη σειρά) και συνεχίζει ακολουθώντας το παράδειγμα. Το παιδί βάζει τους αριθμούς και τις τελείες στα κατάλληλα σημεία. Σε περίπτωση δυσκολίας, ο παιδαγωγός υποδεικνύει στο παιδί το παράδειγμα. Με το τέλος κάθε γραμμής ο παιδαγωγός ζητά από το παιδί να κάνει επαλή-θευση: «Κοίτα το υπόδειγμα και έλεγξε αν το έκανες σωστά».

Περιγραφή εκτέλεσης της 2ης παραλλαγής
Ο παιδαγωγός προτείνει το παιδί να χρωματίσει ή να κυκλώσει τα σχήματα με τις ξυ-λομπογιές του, επιλέγοντας μια περισσότερο ή λιγότερο δύσκολη εκδοχή (αναλόγως με το επίπεδο του παιδιού). Ο παιδαγωγός δίνει στο παιδί μια ξυλομπογιά και του λέει να χρωμα-τίσει ή να φτιάξει το περίγραμμα των σχημάτων ενός είδους (π.χ. κύκλοι), στη συνέχεια το παιδί παίρνει την επόμενη ξυλομπογιά και χρωματίζει ένα άλλο είδος σχημάτων.

Σε μία άλλη εκδοχή, ο παιδαγωγός δίνει δυο ξυλομπογιές στο παιδί: «Χρωμάτισε τα κυκλάκια με μπλε χρώμα και τα αστεράκια με κόκκινο».

ΑΣΚΗΣΗ 24. Τα πέταλα
Στόχοι
– Η εξάσκηση της επιλεκτικής προσοχής.
– Η ενίσχυση της αντιστοίχισης της έννοιας των αριθμών με τα αριθμητικά ψηφία.
– Η ενίσχυση της αναπαράστασης της αύξουσας και φθίνουσας αριθμοσειράς.
– Η εξάσκηση της οπτικής αντίληψης (ο εντοπισμός των μη-ολοκληρωμένων αναπαρα-στάσεων).

Περιγραφή άσκησης
Παιδαγωγός: «Χθες η μαμά της Μαρίας είχε γενέθλια, της χάρισαν ένα καλάθι με λουλούδια. Πόσα λουλούδια έχει το καλάθι; Μέτρα» [...]. «Σε τι διαφέρουν τα λουλού-δια;» [...]. «Ποιο έχει τα περισσότερα πέταλα;» [...]. «Ποιο έχει τα λιγότερα πέταλα;» [...]. «Πόσα πέταλα έχει το κάθε λουλούδι; Μέτρα και σημείωσέ το» [...]. «Βρες το λουλούδι που δεν έχει ούτε ένα φύλλο» [...]. «Πόσα φύλλα έχει αυτό το λουλούδι; Μέτρα και ση-μείωσε» [...]. «Βρες ένα λουλούδι με δυο φύλλα» [...]. «Σημείωσέ το» [...].

Το παιδί κυκλώνει τα φύλλα και τα χρωματίζει.

ΑΣΚΗΣΗ 25. Κωδικοποίηση – 2

Στόχοι

- Η εξάσκηση των δράσεων σύμφωνα με το εξωτερικό, συγκεκριμένο πρόγραμμα.
- Η ενίσχυση της αντιστοίχισης της έννοιας των αριθμών με τα αριθμητικά ψηφία.
- Η εξάσκηση του οπτικο-κινητικού συντονισμού.
- Η εξάσκηση της μετακίνησης της προσοχής και της ικανότητας προσήλωσης για ικανοποιητικό χρονικό διάστημα.

Περιγραφή άσκησης

Ο παιδαγωγός και το παιδί παρατηρούν και συζητούν το πρόγραμμα δράσης. Οι πέντε πρώτοι αριθμοί κωδικοποιούνται με την καθοδήγηση του παιδαγωγού ή με συνεχή αναφορά στο πρόγραμμα. Στη συνέχεια, το παιδί εκτελεί την άσκηση μόνο του. Σε περίπτωση δυσκολίας ο παιδαγωγός εφιστά την προσοχή του παιδιού στο πρόγραμμα. Μετά τη συμπλήρωση κάθε σειράς ο παιδαγωγός ελέγχει. Το παιδί συγκρίνει τους κωδικοποιημένους αριθμούς με το παράδειγμα.

Παρατήρηση

Το κίνητρο για την εκτέλεση της άσκησης καθώς και η απόδοση του παιδιού αυξάνεται, αν γνωρίζει τον χρόνο που χρειάστηκε για να κωδικοποιήσει κάθε γραμμή ή αν υπάρχει συναγωνισμός με άλλο παιδί.

ΑΣΚΗΣΗ 26. Οι τελείες

Στόχοι

- Η εργασία με την οπτικο-χωρική διάταξη των τελειών που καθορίζουν την ποσότητα.
- Η ανάπτυξη της γενικής αντίληψης.
- Η εργασία με τη δομή του αριθμού.

Περιγραφή άσκησης

Ο παιδαγωγός και το παιδί αναλύουν την κατασκευή της δομής των τελειών, συγκρίνοντας τις καρτέλες με τις τέσσερις και τις πέντε τελείες και τις καρτέλες με τις τέσσερις και τις έξι τελείες. Το παιδί κυκλώνει τις τελείες με μια ξυλομπογιά και αντιγράφει στα κενά τετραγωνάκια τη διαμόρφωση των τελειών σε σωστή σειρά από το 1 ως το 5. Το παιδί συνεχίζει τη σειρά των καρτελών με τις τελείες, ζωγραφίζοντάς τις, ανακαλώντας τες από τη μνήμη του (τα παραδείγματα αυτή την ώρα κρύβονται). Το παιδί συγκρίνει τα αποτελέσματά του με τα παραδείγματα. Ο παιδαγωγός δείχνει τις καρτέλες με τις τελείες με τυχαία σειρά και το παιδί ονομάζει τους αριθμούς.

ΑΣΚΗΣΗ 27. Τελείες και αστεράκια

Στόχοι

- Η εξάσκηση της ταυτόχρονης αντίληψης των οπτικο-χωρικών διατάξεων και η απλοποίησή τους σε γενική δομή.
- Η εσωτερίκευση των διεργασιών με τις οπτικοποιημένες διατάξεις των ποσοτήτων.

Περιγραφή άσκησης

Ο παιδαγωγός λέει στο παιδί να ελέγξει το πρόγραμμα και να του πει πόσες τελείες έχει το πρώτο, το δεύτερο και τα επόμενα τετραγωνάκια (Άσκηση 27Α). Ύστερα καταγράφει το αν το παιδί ξαναμετράει από την αρχή ή αν ακολουθεί τον κανόνα που διέπει την κατασκευή της σειράς. Αν το παιδί ξαναμετράει από την αρχή, ο παιδαγωγός το βοηθάει να θυμηθεί από την προηγούμενη άσκηση τον κανόνα κατασκευής της σειράς και ζητά από το παιδί να ονομάσει ξανά το σύνολο των τελειών σε κάθε τετραγωνάκι. Το παιδί λειτουργεί σύμφωνα με το πρόγραμμα.

Προσοχή! Με ανάλογο τρόπο εκτελείται η εργασία του πίνακα με τις χιονονιφάδες (Άσκηση 27Β).

ΑΣΚΗΣΗ 28. Το ρολόι – 2

Στόχοι

- Η εργασία με μια παραλλαγή της αναπαράστασης της ποσότητας.
- Η εξοικείωση του παιδιού με τους λατινικούς αριθμούς με βάση ένα γνώριμο πλαίσιο.

Περιγραφή άσκησης

Ο παιδαγωγός και το παιδί παρατηρούν τους λατινικούς αριθμούς. Ο παιδαγωγός εξηγεί τη δομή των λατινικών αριθμών (I, II, III – αντίστοιχος αριθμός δαχτύλων, V – ανοιχτή παλάμη, στοιχείο από τα δεξιά και από τα αριστερά στο IV και στο VI, δυο ανοιχτές παλάμες – X). Το παιδί φτιάχνει μια σειρά από λατινικούς αριθμούς με ξυλάκια, αντιγράφει το ρολόι με τους λατινικούς αριθμούς, συμπληρώνει με λατινικούς αριθμούς τη σειρά από το 1 ως το 12.

ΑΣΚΗΣΗ 29. Λατινικοί αριθμοί

Στόχοι

- Η ενίσχυση της έννοιας των λατινικών αριθμών.
- Η εξάσκηση της δράσης με τη χρησιμοποίηση συγκεκριμένου προγράμματος που είναι αντιληπτικά πολυπλοκότερο.

Περιγραφή άσκησης

Το παιδί και ο παιδαγωγός ανακαλούν την αρχή της γραφής των λατινικών αριθμών. Το παιδί διαβάζει τους αριθμούς με τη σειρά ή μπερδεμένους. Στη συνέχεια δείχνει τους αριθμούς I–IX στον πίνακα (Άσκηση 29Α). Ο χρόνος εκτέλεσης της άσκησης καταγράφεται. Σε επόμενο μάθημα μπορεί να εκτελεστεί εκ νέου η άσκηση και να συγκριθούν οι χρόνοι εκτέλεσης.

ΑΣΚΗΣΗ 30. Κωδικοποίηση – 3 (Αξιολόγηση)

Στόχοι

- Η απόκτηση του ελέγχου της συνήθειας για δράση σύμφωνα με το πρόγραμμα.
- Η βελτίωση της προσήλωσης της προσοχής.
- Η εργασία βήμα-βήμα.
- Η αξιολόγηση της βελτίωσης του οπτικο-κινητικού συντονισμού.
- Η ενίσχυση των αναπαραστάσεων των ψηφίων με βάση την οπτικοποίησή τους.

Περιγραφή άσκησης

Ο παιδαγωγός προτείνει στο παιδί να παρατηρήσει το πρόγραμμα της κωδικοποίησης και να ξεκινήσει την πρώτη άσκηση (οι πρώτοι 10 αριθμοί στην πρώτη σειρά δίδονται ώστε να εμπεδωθεί το πρόγραμμα). Το παιδί συνεχίζει την κωδικοποίηση ύστερα από τον από κοινού έλεγχο της εισαγωγικής σειράς. Ο χρόνος εκτέλεσης καταγράφεται. Η άσκηση μπορεί να παρουσιαστεί τμηματικά.

ΚΥΚΛΟΣ 4

ΚΥΚΛΟΣ 4

ΦΘΙΝΟΥΣΕΣ ΑΡΙΘΜΟΣΕΙΡΕΣ
(ΑΣΚΗΣΕΙΣ 31–40)

ΑΣΚΗΣΗ 31. Βρες και χρωμάτισε – 2
Στόχοι
— Η πραγματοποίηση των βημάτων του νέου προγράμματος.
— Η χρησιμοποίηση της συνήθειας για δράση σύμφωνα με το πρόγραμμα.
— Η εργασία με βάση την οπτική προσοχή.
Περιγραφή άσκησης
Ο παιδαγωγός δίνει στο παιδί δυο συλλογές αριθμών από το 1 ως το 10 και ζητά από το παιδί να τοποθετήσει τη μία σε ευθεία σειρά και την άλλη σε αντίστροφη. Η ευθεία σειρά μπορεί να λειτουργήσει ως έλεγχος της αντίστροφης.

Παιδαγωγός: *«Βρες και χρωμάτισε τους αριθμούς σε αντίστροφη σειρά, ονομάζοντάς τους».*

ΑΣΚΗΣΗ 32. Πινόκιο – 3
Στόχος
— Η εργασία με το πρόγραμμα της φθίνουσας αριθμοσειράς και με τις δράσεις ελέγχου του.
Περιγραφή άσκησης
Παιδαγωγός: *«Ο Πινόκιο έχει μια καινούρια άσκηση, να δείξει και να κυκλώσει όλους τους αριθμούς σε αντίστροφη σειρά. Από πού άρχισε την εργασία;»* [...]. *«Ναι, άρχισε να γράφει τους αριθμούς, αλλά τελείωσε;»* [...]. *«Και τι πιστεύεις, γιατί δεν τελείωσε;»* Το παιδί και ο παιδαγωγός αναλύουν το πρόγραμμα του «Πινόκιο» και διορθώνουν τα λάθη.

Παιδαγωγός: *«Γράψε, μόνος/μόνη σου πώς πρέπει να ψάχνουμε τους αριθμούς στον πίνακα».* Το παιδί κυκλώνει τους αριθμούς και δείχνει τους αριθμούς από το 9 ως το 1.

ΑΣΚΗΣΗ 33. Η πτήση της πεταλούδας
Στόχοι
— Η μείωση του προγράμματος εργασίας με τη φθίνουσα αριθμοσειρά.
— Η εξάσκηση της οπτικής προσοχής και του οπτικο-κινητικού συντονισμού.
Περιγραφή άσκησης
Παιδαγωγός: *«Από πού ξεκίνησε να πετάει η πεταλούδα; Πού έφτασε;»* [...]. *«Ζωγράφισε τη διαδρομή της»* [...]. Σε περίπτωση δυσκολίας ο παιδαγωγός υποδεικνύει τη γραμμένη από το παιδί φθίνουσα αριθμοσειρά (βλέπε Άσκηση 26).

Παιδαγωγός: *«Δείξε μου πώς πετάει η πεταλούδα. Να μου λες τους αριθμούς των λουλουδιών»* [...]. Το παιδί μπορεί να χρωματίσει τα λουλούδια με την αντίστροφη σειρά.

ΑΣΚΗΣΗ 34. Βρες και χρωμάτισε – 3

Στόχοι

- Η εσωτερίκευση του προγράμματος της φθίνουσας αριθμοσειράς.
- Η εξάσκηση της ικανότητας για επιλεκτική ενεργοποίηση της αριθμοσειράς.
- Η εξάσκηση της μετακίνησης της προσοχής.

Περιγραφή άσκησης

Παιδαγωγός: «Βρες και κύκλωσε τους αριθμούς από το 10 ως το 1» [...].

Παιδαγωγός: «Δείξε τους αριθμούς από το 10 ως το 1» [...].

Παιδαγωγός: «Πάρε δυο ξυλομπογιές και ξεκίνα τον χρωματισμό των αριθμών από το 10 ως το 1, τον έναν αριθμό με ένα χρώμα και τον άλλο με άλλο» [...].

Παιδαγωγός: «Δείξε τους αριθμούς ενός χρώματος με αντίστροφη σειρά, στη συνέχεια κάνε το ίδιο με άλλον αριθμό, ονόμαζέ τους» [...].

ΑΣΚΗΣΗ 35. Η διαδρομή 12 – 1

Στόχοι

- Η εσωτερίκευση του προγράμματος εργασίας με τη φθίνουσα αριθμοσειρά.
- Η εργασία με τη μετάβαση από το ένα πρόγραμμα στο άλλο.

Περιγραφή άσκησης

Παιδαγωγός: «Δείξε τους αριθμούς από το 1 ως το 12» [...]. «Και τώρα τους αριθμούς από το 12 ως το 1» [...]. Ο χρόνος εκτέλεσης της άσκησης καταγράφεται.

Παιδαγωγός: «Δείξε τους αριθμούς με σωστή σειρά, προσπερνώντας κάθε φορά έναν» [...].

ΑΣΚΗΣΗ 36. Η πικραλίδα

Στόχοι

- Η εσωτερίκευση του προγράμματος με τη φθίνουσα αριθμοσειρά.
- Η ανεξάρτητη κατασκευή του προγράμματος από το παιδί.

Περιγραφή άσκησης

Το παιδί δείχνει τους αριθμούς από το 12 ως το 1.

Παιδαγωγός: «Έλα να χρωματίσουμε τους αριθμούς στην πικραλίδα με δυο χρώματα. Για να μη κάνεις λάθος, πρώτα σημείωσε πώς σκοπεύεις να τους χρωματίσεις. Ο αριθμός 12 θα είναι γκρι χρώμα, ενώ ο αριθμός 11 γαλάζιο. Ποιος είναι ο επόμενος αριθμός που θα έχει γκρι χρώμα;» [...]. «Σημείωσέ το» [...].

Τελικά στο επάνω μέρος της σελίδας πρέπει να εμφανιστούν δυο σειρές: 12, 10, 8, 6, 4, 2 και 11, 9, 7, 5, 3, 1.

Το παιδί χρωματίζει, δείχνει και ονομάζει τους αριθμούς.

ΑΣΚΗΣΗ 37. Ποιος είναι πιο γρήγορος;

Παρατήρηση

Η εργασία μπορεί να γίνει με τον παιδαγωγό ή σε ομάδα παιδιών.

Στόχοι

- Η εσωτερίκευση των προγραμμάτων εργασίας με αύξουσες και φθίνουσες αριθμοσειρές.

– Η αύξηση του χρόνου παρακολούθησης του προγράμματος.

Περιγραφή άσκησης

Το παιδί ψάχνει τους αριθμούς σε αύξουσα σειρά (πίνακας σκαντζόχοιρου).

Το παιδί ψάχνει τους αριθμούς σε φθίνουσα σειρά (πίνακας σκίουρου).

Το παιδί ψάχνει στον πίνακα της αρκούδας την αρχή της αριθμοσειράς, μαντεύει ποιος αριθμός είναι ο επόμενος και προσδιορίζει τον χαρακτήρα της αριθμοσειράς (ότι πρόκειται για μία αύξουσα αριθμοσειρά).

ΑΣΚΗΣΗ 38. Διαδρομή 15 – 1

Στόχος

Η ενίσχυση της εργασίας με τη φθίνουσα αριθμοσειρά, σύμφωνα με το εσωτερικευμένο πρόγραμμα.

Περιγραφή άσκησης

Παιδαγωγός: «*Ζωγράφισε μια διαδρομή από τον ένα αριθμό ως τον άλλο, ξεκινώντας από το 15 (ή από το 10)*» [...].

ΑΣΚΗΣΗ 39. Αριθμοί και αστέρια

Στόχοι

– Η εσωτερίκευση του επιλεκτικού προγράμματος της φθίνουσας αριθμοσειράς.

– Η εξάσκηση της συγκέντρωσης της προσοχής.

Περιγραφή άσκησης

Παιδαγωγός: «*Βρες τους αριθμούς από το 15 ως το 1, προσπερνώντας έναν αριθμό τη φορά*» [...]. «*Και τώρα κύκλωσέ τους στην ίδια σειρά*» [...].

Παιδαγωγός: «*Δείξε τους εναπομείναντες αριθμούς σε αντίστροφη σειρά. Κύκλωσέ τους με διαφορετικό χρώμα*» [...].

ΑΣΚΗΣΗ 40. Οι αριθμοί στα τετραγωνάκια – 3 (Αξιολόγηση)

Στόχος

– Η αξιολόγηση της ικανότητας κατασκευής φθίνουσας αριθμοσειράς.

Περιγραφή άσκησης

Το παιδί συμπληρώνει την πάνω σειρά.

Ο παιδαγωγός καλύπτει τη συμπληρωμένη σειρά, λέγοντάς του ότι σε περίπτωση ανάγκης μπορεί να την κοιτάξει.

Το παιδί συμπληρώνει την επόμενη σειρά και τη συγκρίνει με την επάνω.

Παρατήρηση

Με παρόμοιο τρόπο εκτελείται η εργασία με τις επόμενες σειρές. Μπορούν να δοθούν στο παιδί διάφορες ξυλομπογιές για τη σημείωση των μονών αριθμών στον τρίτο και των ζυγών στον τέταρτο πίνακα.

ΚΥΚΛΟΣ 5

ΚΥΚΛΟΣ 5

ΠΑΡΑΛΛΗΛΕΣ ΑΡΙΘΜΟΣΕΙΡΕΣ
(ΑΣΚΗΣΕΙΣ 41-50)

ΑΣΚΗΣΗ 41. Η μαϊμουδίτσα και ο λαγός

Προσοχή! Αυτή η άσκηση με παράλληλες αριθμοσειρές είναι η ευκολότερη από τις ασκήσεις αυτού του κύκλου. Η παρουσία δυο πινάκων επιτρέπει τη μετάβαση από τη μία στην άλλη σειρά με εξωτερική δράση: το παιδί μετακινεί το χέρι του συνεχώς από τα αριστερά στα δεξιά.

Στόχοι
— Η εξάσκηση της εκούσιας προσοχής και του καταμερισμού της.
— Ο αυτοέλεγχος και η αναστολή των παρορμητικών αντιδράσεων.

Περιγραφή άσκησης
Παιδαγωγός: *«Δείξε τους αριθμούς σε κανονική σειρά στον πίνακα που κρατάει η μαϊμουδίτσα»* [...]. *«Και τώρα στον πίνακα που κρατάει ο λαγός»* [...].

Παιδαγωγός: *«Τώρα δείξε τον αριθμό 1 στης μαϊμουδίτσας και μετά στου λαγού, τον αριθμό 2 στης μαϊμουδίτσας και μετά στου λαγού και συνέχισε με αυτόν τον τρόπο ως το τέλος»* [...].

Σε περίπτωση που το παιδί δυσκολεύεται ή εκτελεί την άσκηση με αργό ρυθμό, ο παιδαγωγός μπορεί να ζητήσει από το παιδί πρώτα να ιχνηλατήσει το περίγραμμα των αριθμητικών ψηφίων, σύμφωνα με το δοσμένο πρόγραμμα και μετά να τους δείξει. Ο παιδαγωγός καταγράφει τον χρόνο εκτέλεσης και ενημερώνει το παιδί. Αν το παιδί από την πρώτη φορά έδειξε τους αριθμούς γρήγορα και χωρίς λάθη, τότε μπορούμε να του ζητήσουμε να εκτελέσει ξανά την άσκηση αυτή τη φορά ξεκινώντας από το 12 και κατεβαίνοντας προς το 1 (δηλαδή σε φθίνουσα σειρά).

ΑΣΚΗΣΗ 42. Πίνακας άσπρων και μαύρων αριθμών

Προσοχή! Αυτή η άσκηση είναι πολυπλοκότερη από την προηγούμενη, καθώς προϋποθέτει την ταυτόχρονη εναλλαγή από χρώμα σε χρώμα και την αναζήτηση σε έναν πίνακα.

Στόχοι
— Η βελτίωση της ακρίβειας στην εργασία σύμφωνα με το πρόγραμμα.
— Η διαφοροποίηση του προγράμματος προς αναζήτηση.
— Η χρησιμοποίηση των κανόνων αναζήτησης της προηγούμενης άσκησης.
— Η εκ των προτέρων κατασκευή ενός συγκεκριμένου προγράμματος δράσης.

Περιγραφή άσκησης
Ο παιδαγωγός δίνει τον πίνακα στο παιδί: *«Τι νομίζεις, πώς μπορούμε να ψάξουμε τους αριθμούς εδώ; Θυμάσαι πώς έψαχνες τους αριθμούς στην προηγούμενη άσκη-*

ση;» [...]. «*Σωστά. Μπορείς πρώτα να δείξεις όλους τους μαύρους αριθμούς ή όλους τους άσπρους με τη σειρά; Και πώς αλλιώς;»* [...]. «*Σωστά πρώτα τον άσπρο αριθμό 1, μετά τον μαύρο αριθμό 2, έπειτα τον άσπρο αριθμό 2, στη συνέχεια τον μαύρο αριθμό 2 κ.ο.κ»* [...].

Ο παιδαγωγός δίνει στο παιδί δυο συλλογές αριθμών (μαύρου και άσπρου χρώματος): «*Φτιάξε ένα σχέδιο (τοποθέτησε τις καρτέλες), σύμφωνα με το οποίο θα δείχνεις τον αριθμό 1 άσπρου χρώματος και τον αριθμό 1 του μαύρου χρώματος»*.

Το παιδί δείχνει και ονομάζει τους αριθμούς.

Το παιδί χρωματίζει τους άσπρους αριθμούς και πατάει τη γραμμή του περιγράμματος με τη μαύρη ξυλομπογιά, σύμφωνα με το ίδιο πρόγραμμα.

Σε άλλη εκδοχή, με αυξημένο βαθμό δυσκολίας, παρουσιάζονται οι αριθμοί σε φθίνουσα σειρά.

ΑΣΚΗΣΗ 43. Η πεταλούδα και η μέλισσα
Στόχοι
— Η εμπέδωση της εργασίας με παράλληλες σειρές σύμφωνα με το πρόγραμμα.
— Η εξάσκηση της μετακίνησης της οπτικής προσοχής.

Περιγραφή άσκησης
Παιδαγωγός: «*Ζωγράφισε με κόκκινη ξυλομπογιά, πώς πετούσε η πεταλούδα»* [...]. «*Ζωγράφισε με μπλε ξυλομπογιά πώς πετούσε η μέλισσα»* [...].

Παιδαγωγός: «*Η πεταλούδα και η μέλισσα πέταξαν ταυτόχρονα. Δείξε πώς πετούσαν. Βάλε τον αριστερό δείκτη στο πρώτο λουλούδι της πεταλούδας. Το αριστερό σου χέρι θα είναι η πεταλούδα. Βάλε το δεξί δείκτη στο πρώτο λουλούδι της μέλισσας. Το δεξί σου χέρι θα είναι η μέλισσα. Και πάμε να πετάξουμε»* [...].

ΑΣΚΗΣΗ 44. Αρκουδάκι σε αεροπλάνο
Στόχοι
— Η εργασία με παράλληλες αριθμοσειρές σύμφωνα με το λεκτικό (προφορικό) πρόγραμμα.
— Η εξάσκηση της μετακίνησης της προσοχής σε μία πολύπλοκη αντιληπτικά άσκηση.

Περιγραφή άσκησης
Παιδαγωγός: «*Όταν πετούσε το αρκουδάκι, πετύχαινε τη μια ένα συννεφάκι, την άλλη ένα αστεράκι. Το πρώτο συννεφάκι ήταν ο αριθμός 10, και το πρώτο αστεράκι ήταν επίσης με αριθμό. Με ποιόν αριθμό λες να ήταν;»* [...]. «*Σωστά, ήταν με το 10. Και τι συνάντησε αργότερα; Περίγραψέ μου»* [...]. «*Σωστά, το ένατο συννεφάκι και το ένατο αστεράκι. Και μετά;»* [...].

Ο παιδαγωγός δίνει στο παιδί την κόκκινη ξυλομπογιά και προτείνει να βρει και να κυκλώσει τους αριθμούς ανάλογα με το προφορικά σχηματισμένο πρόγραμμα: «*Πρόσεχε, πρώτα το συννεφάκι και μετά το αστεράκι»* [...].

Παρατήρηση
Όσοι επιθυμούν μπορούν να χρωματίσουν το συννεφάκι και το αστεράκι σύμφωνα με το ίδιο πρόγραμμα.

ΑΣΚΗΣΗ 45. Βοήθησε τον γάτο

Προσοχή! Αν η προηγούμενη άσκηση ήταν δύσκολη όσον αφορά τις απαιτήσεις για οπτική προσοχή, τότε οι επόμενες τέσσερις ασκήσεις αυξάνουν την απαίτηση για τον οπτικό-χωρικό προσανατολισμό λόγω της πρόσθεσης των λατινικών αριθμών.

Στόχοι
— Η εμπέδωση της αναπαράστασης των λατινικών αριθμών.
— Ο έλεγχος της ικανότητας κατασκευής ενός προγράμματος δράσης με τις παράλληλες αριθμοσειρές σύμφωνα με τους κανόνες που παρουσιάστηκαν στις προηγούμενες ασκήσεις.

Περιγραφή άσκησης
Το παιδί και ο παιδαγωγός ανακαλούν τον κανόνα τον οποίο ακολουθεί η γραφή των λατινικών αριθμών. Το παιδί διαβάζει τους αριθμούς με τη σειρά και τυχαία.

Παιδαγωγός: *«Ο γάτος πρέπει να κάνει αυτή την άσκηση και θέλει κάποιον να τον βοηθήσει. Θα τον βοηθήσεις εσύ; Μπορείς να μαντέψεις ποια άσκηση δώσανε στον γάτο;»* [...]. *«Πώς πρέπει να δράσει για να μη κάνει λάθος; Σημείωσέ το»* [...].

Το παιδί δείχνει, ακολουθεί το περίγραμμα των αριθμητικών ψηφίων και τα ξαναδείχνει βασιζόμενο στο πρόγραμμα.

ΑΣΚΗΣΗ 46. Αραβικοί και λατινικοί αριθμοί

Στόχοι
— Η ενίσχυση της δράσης σύμφωνα με το πρόγραμμα «παράλληλες αριθμοσειρές».
— Η εξάσκηση των οπτικο-χωρικών λειτουργιών.

Περιγραφή άσκησης
Παιδαγωγός: *«Κοίτα τα προγράμματα και πες μου τι νομίζεις ότι πρέπει να κάνουμε»*. Το παιδί δείχνει, ακολουθεί το περίγραμμα των αριθμητικών ψηφίων και ξαναδείχνει τις παράλληλες σειρές.

ΑΣΚΗΣΗ 47. Η πτήση της πεταλούδας – 2

Στόχοι
— Η ενίσχυση της δράσης σύμφωνα με το πρόγραμμα «παράλληλες σειρές»
— Η επιλογή και διαμόρφωση του προγράμματος

Περιγραφή άσκησης
Παιδαγωγός: *«Κοίτα προσεκτικά την εικόνα και πες μου πώς σκέφτεσαι ότι θα μπορούσε να πετάξει η πεταλούδα. Από ποιόν αριθμό ξεκίνησε την πτήση;»* [...]. *«Σε ποιόν αριθμό θα τελειώσει η πτήση της;»* [...]. *«Αν η πεταλούδα πετούσε μόνο στους λατινικούς αριθμούς, θα έφτανε σε ένα συνηθισμένο οχτάρι;»* [...]. *«Θα μπορούσε η πεταλούδα να πετάει μόνο στους κανονικούς αριθμούς;»* [...]. *«Οπότε, πώς πετούσε η πεταλούδα; Δείξε μου»* [...]. *«Και τώρα περιέγραψέ μου πώς πετούσε»* [...]. *«Ζωγράφισέ μου τη διαδρομή της πτήσης της»* [...].

Ο χρόνος καταγράφεται.

ΑΣΚΗΣΗ 48. Η διαδρομή

Στόχοι

- Η μετάβαση του μέσου επιλογής του προγράμματος.
- Η πραγματοποίηση των δράσεων σύμφωνα με το εσωτερικευμένο πρόγραμμα «παράλληλες αριθμοσειρές».

Περιγραφή άσκησης

Παιδαγωγός: *«Κοίτα και σκέψου πώς πρέπει να συνδεθούν οι αριθμοί. Εξήγησε»* [...]. *«Σωστά. Πρέπει να αρχίσεις από τον αραβικό αριθμό 1 και να ζωγραφίσεις τη διαδρομή προς τον λατινικό αριθμό I. Έλα να το κάνουμε»* [...]. *«Ζωγράφισε όλη τη διαδρομή»* [...].

ΑΣΚΗΣΗ 49. Πρόγραμμα με την κανονική και την αντίστροφη ακολουθία

Προσοχή! Αυτή είναι μία πολύ δύσκολη άσκηση καθώς απαιτεί παράλληλη αναζήτηση αριθμών σε αύξουσα και φθίνουσα διάταξη. Είναι προτιμότερο να δοθεί μόνο σε προχωρημένα παιδιά. Η δυσκολία της άσκησης κάνει απαραίτητη την αναφορά στο πρόγραμμα.

Στόχοι

- Η εξάσκηση της συνήθειας ανάλυσης ενός νέου προγράμματος.
- Η εξάσκηση του ελέγχου των κατάλληλων δράσεων σύμφωνα με το πρόγραμμα.

Περιγραφή άσκησης

Ο παιδαγωγός κλείνει την κάτω σειρά: *«Τι πρέπει να κάνουμε;»*
Το παιδί απαντάει και δείχνει τους αριθμούς από το 1 ως το 8.
Ο παιδαγωγός κλείνει την πάνω σειρά του προγράμματος: *«Τι πρέπει να κάνουμε;»*
Το παιδί απαντάει και δείχνει τους αριθμούς από το 8 ως το 1.
Ο παιδαγωγός ανοίγει όλο το πρόγραμμα. *«Έλα να δούμε, τι πρέπει να κάνουμε;»*
Το παιδί διαβάζει το πρόγραμμα φωναχτά και μετά ψάχνει τους αριθμούς στον πίνακα σύμφωνα με το πρόγραμμα. Η εκτέλεση της άσκησης χρονομετρείται.

ΑΣΚΗΣΗ 50. Δείξε τους αριθμούς (Αξιολόγηση)

Στόχος

- Η απόκτηση του ελέγχου δράσης σύμφωνα με το εσωτερικευμένο πρόγραμμα της αριθμοσειράς (με χρονομέτρηση).

Περιγραφή άσκησης

Παιδαγωγός: *«Δείξε τους μικρούς αριθμούς ξεκινώντας από το 1»* [...]. *«Δείξε τους μεγάλους και τους μικρούς αριθμούς ξεκινώντας από το 1 (δηλαδή, 1 μικρό, 1 μεγάλο, 2 μικρό, 2 μεγάλο κ.ο.κ)»* [...].

ΑΣΚΗΣΕΙΣ

Εισαγωγική Άσκηση

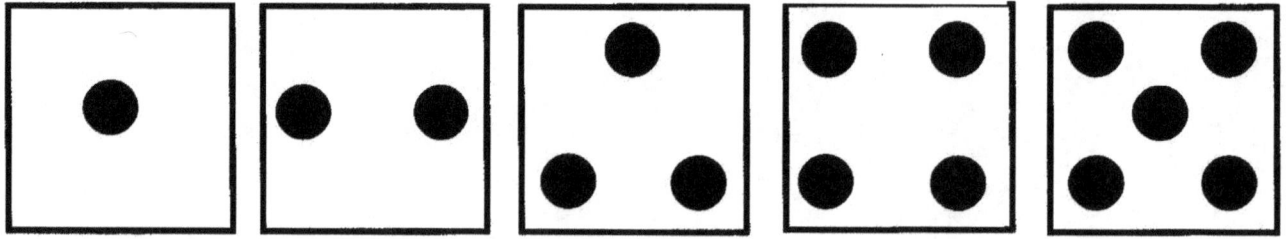

1 2 3 4 5

Άσκηση 1

Άσκηση 2

Άσκηση 3

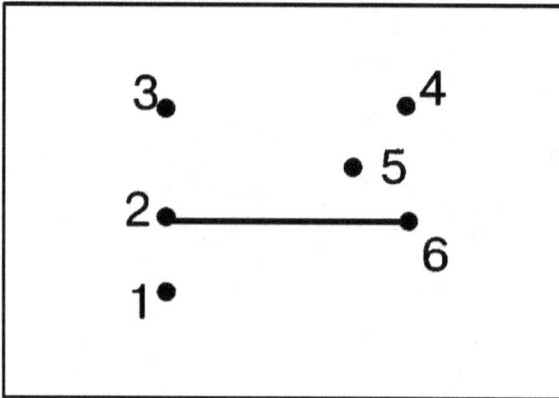

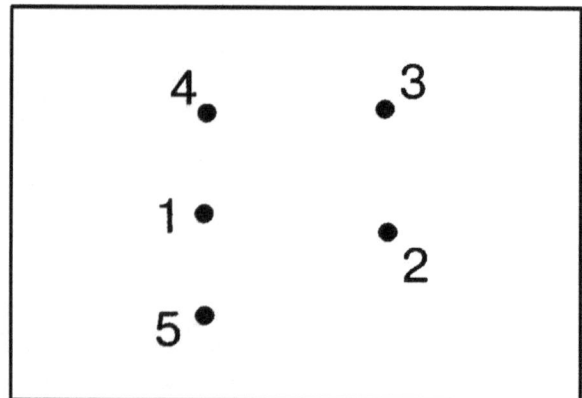

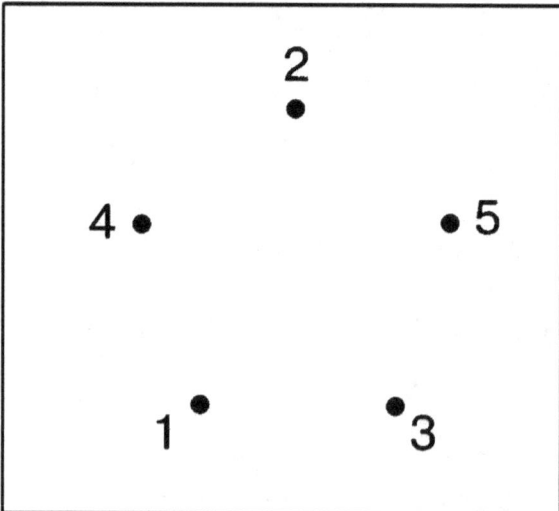

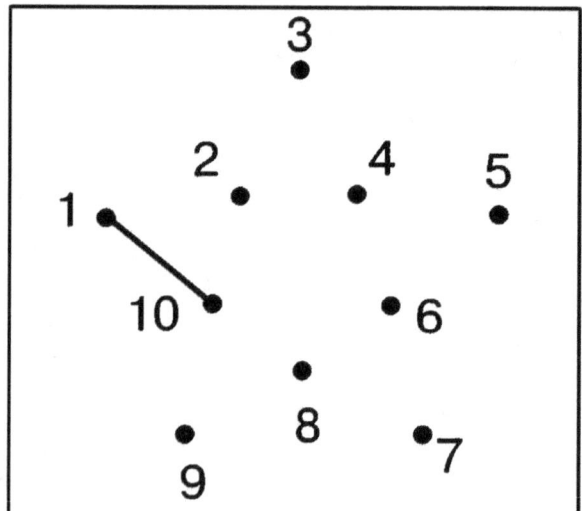

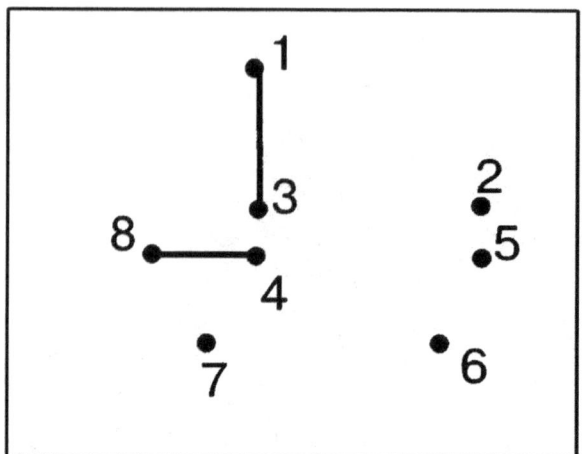

Άσκηση 4

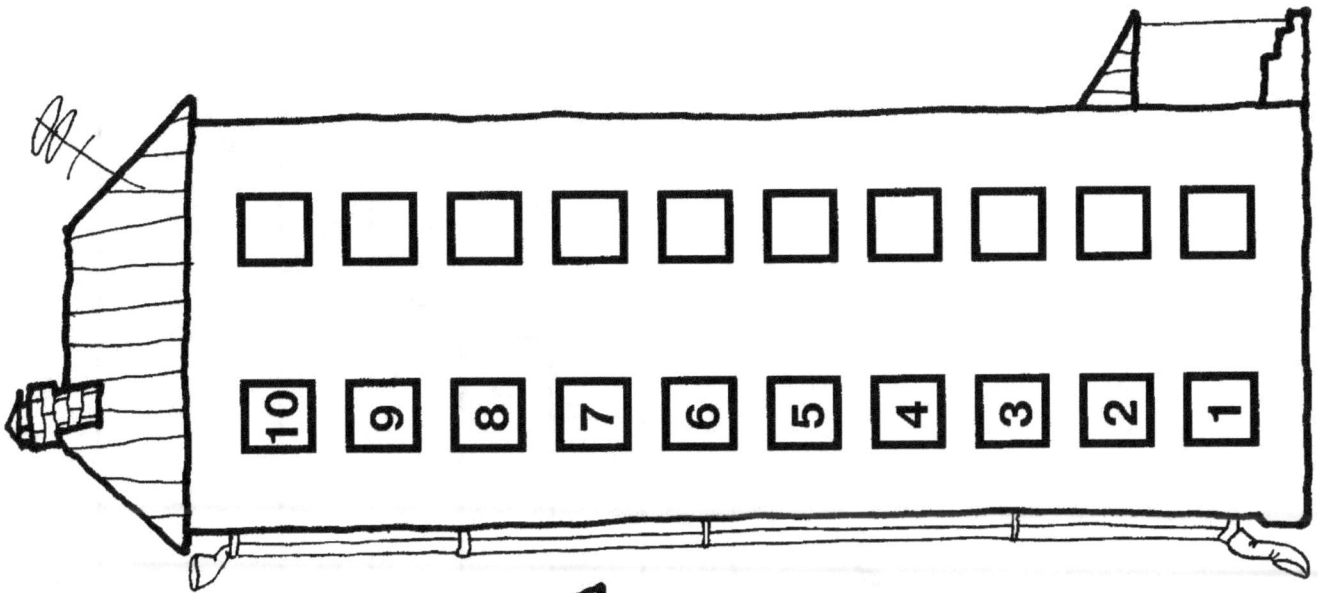

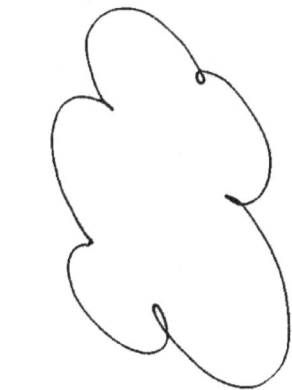

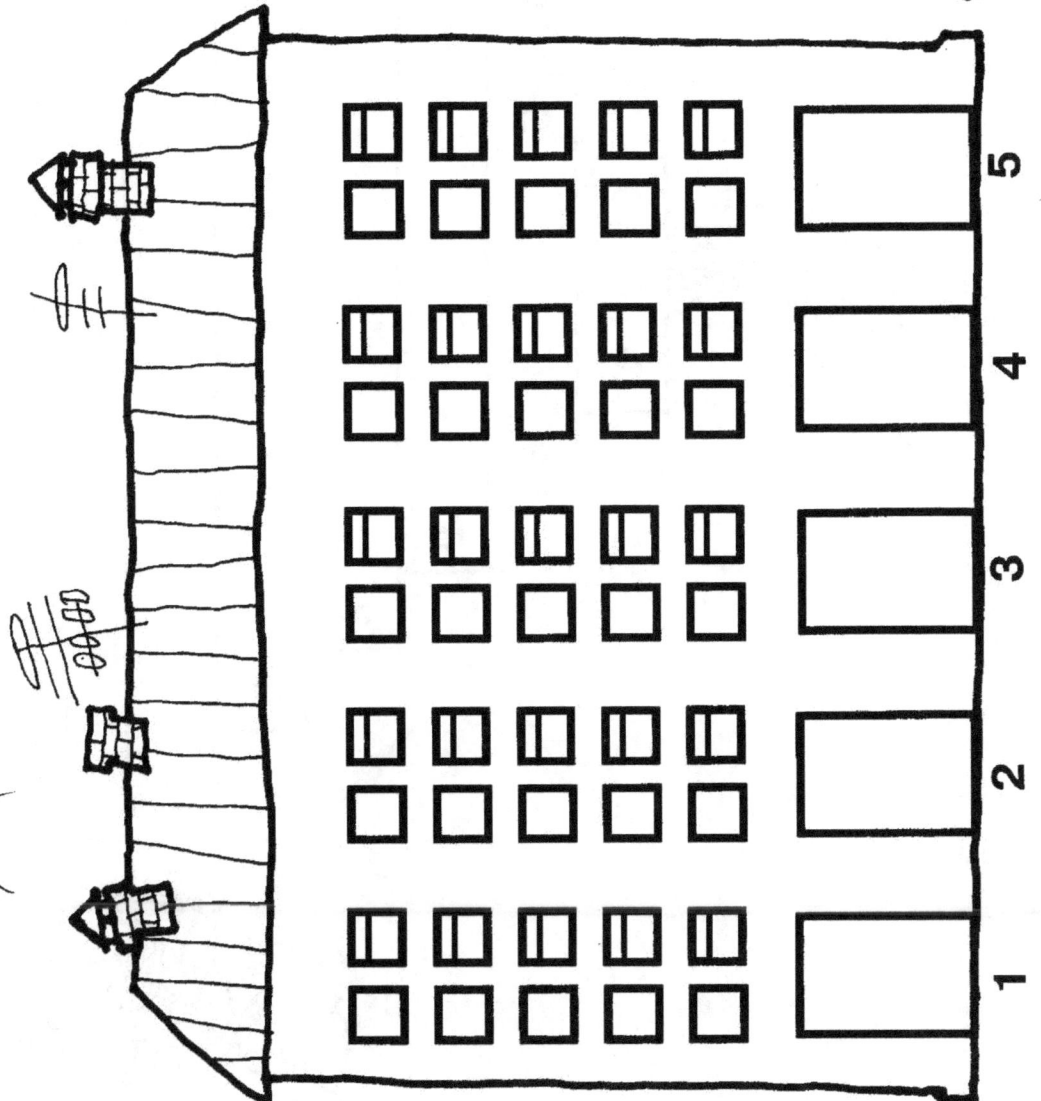

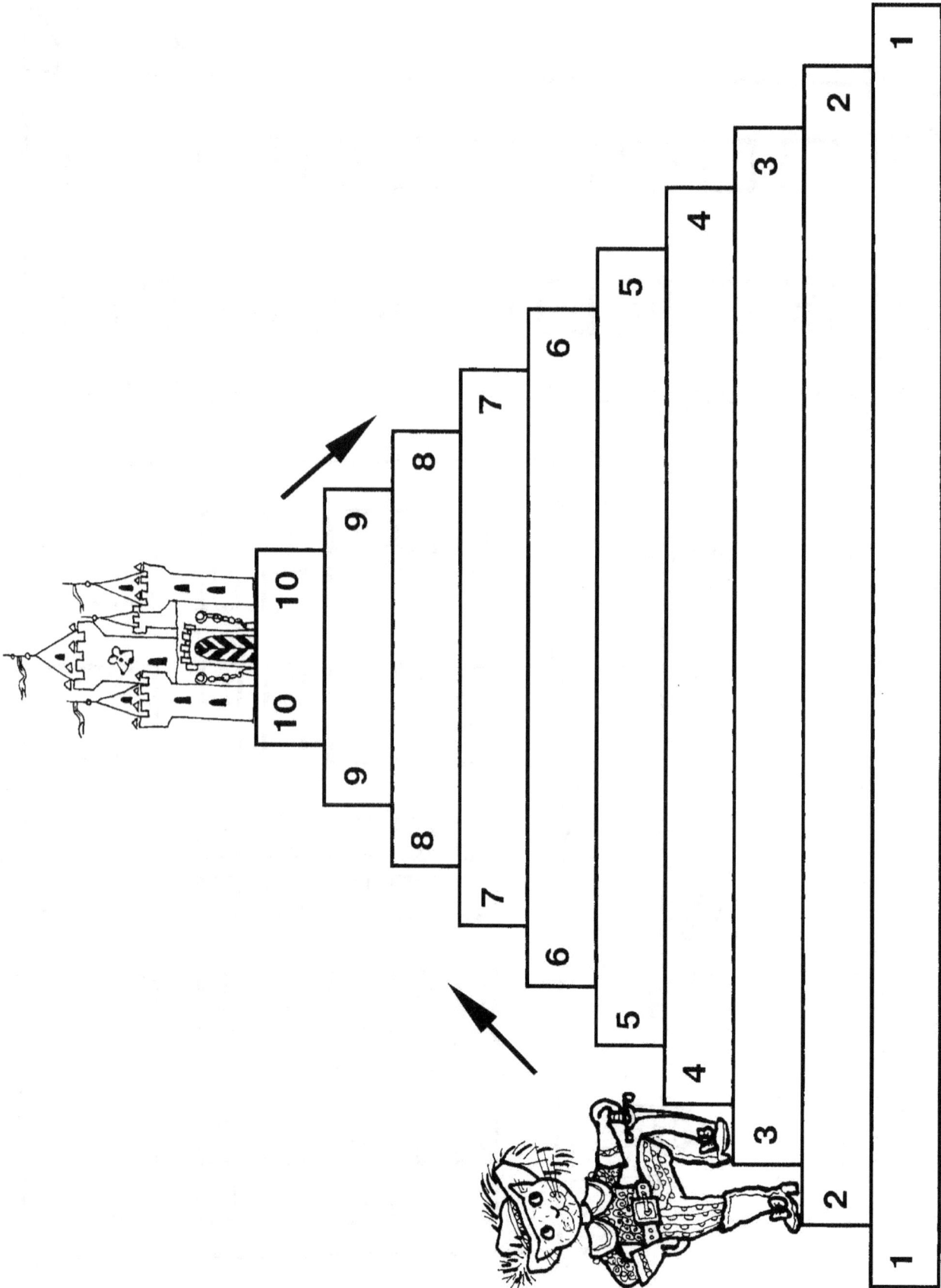

Άσκηση 5

Άσκηση 6

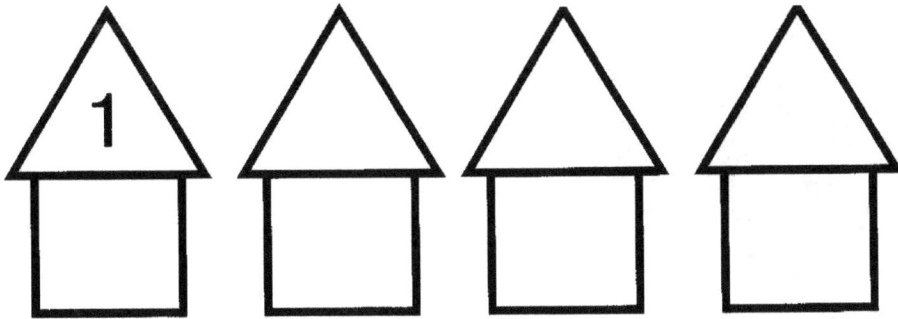

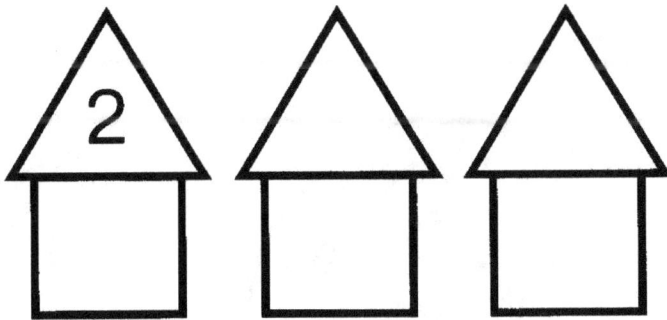

Άσκηση 7

Άσκηση 8

Άσκηση 9

Άσκηση 10

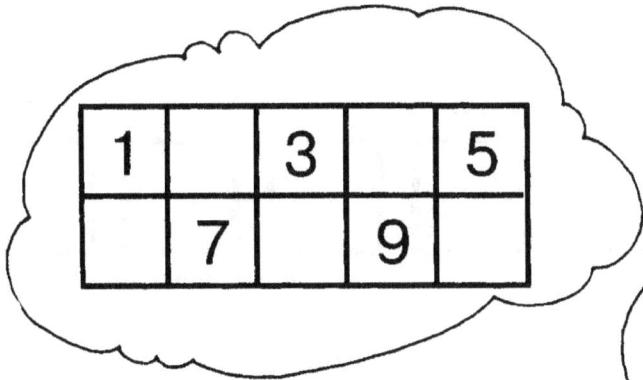

1		3		5
	7		9	

	2		4	
6		8		10

1	2	3	4	5
6	7	8	9	10

Άσκηση 11

7	3	4
6	8	1
2	5	9

Άσκηση 12

Άσκηση 13

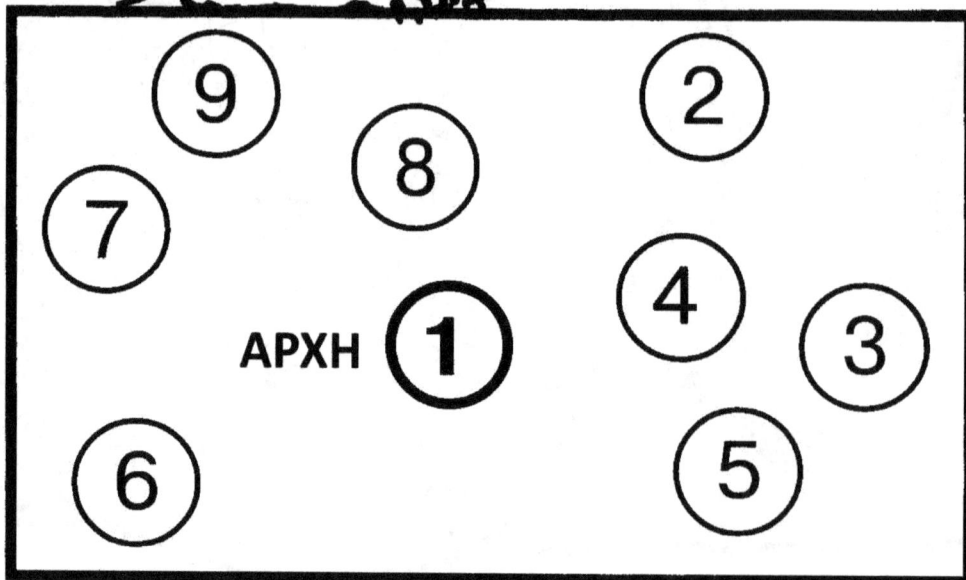

Άσκηση 14

1	2	3	4	5	6	7	8	9

3	8	2
6	4	7
1	9	5

Άσκηση 15

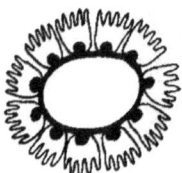

Άσκηση 16

Άσκηση 17

1	9	3
5	8	6
4	7	2

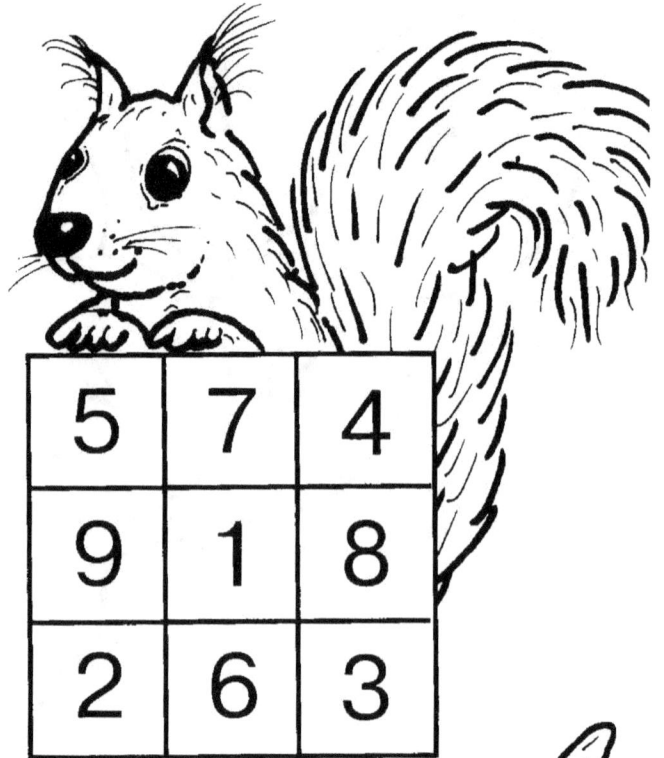

5	7	4
9	1	8
2	6	3

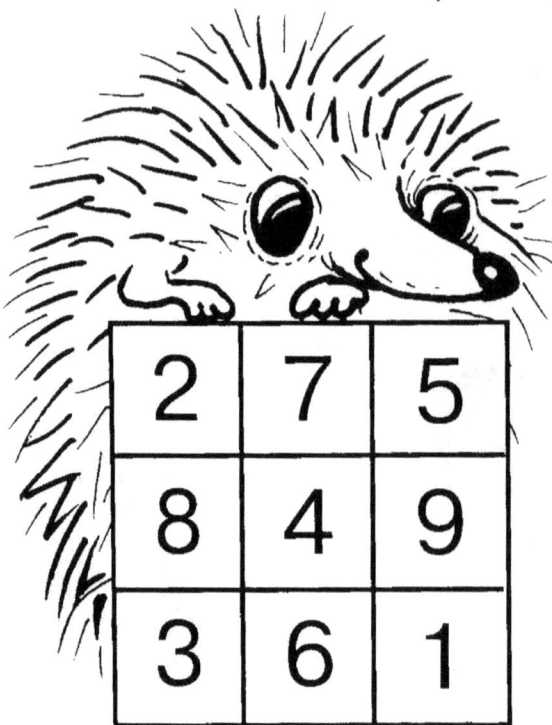

2	7	5
8	4	9
3	6	1

4	9	2
6	1	7
3	8	5

Άσκηση 18

Άσκηση 19

3	8	5
6	9	2
1	4	7

Άσκηση 20

| 1 | 2 | 3 | 4 | 5 | 6 | 7 | 8 | 9 | 10 |

| 1 | | | 4 | | 6 | | | 9 | 10 |

| 1 | 2 | | | 5 | | | 8 | | 10 |

| | 2 | | 4 | | 6 | | 8 | | 10 |

| 1 | | 3 | | 5 | | 7 | | 9 | |

| 4 | | 6 | | 8 | | 10 |

| 3 | | 5 | | 7 | | 9 |

| 1 | 2 | 3 | 4 | 5 | 6 | 7 | 8 | 9 | 10 |

Άσκηση 21

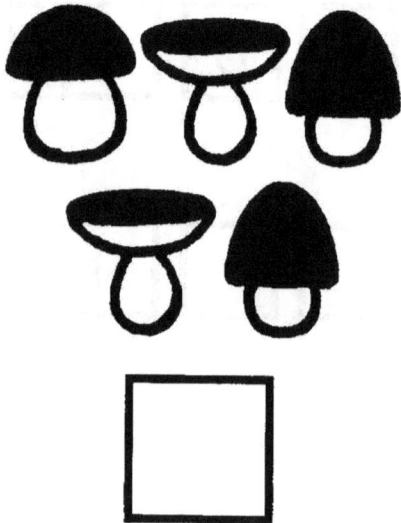

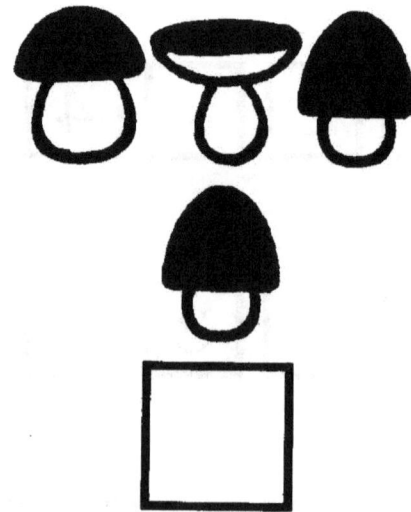

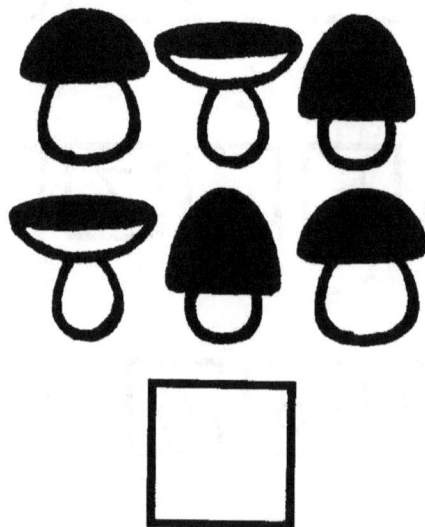

Άσκηση 22

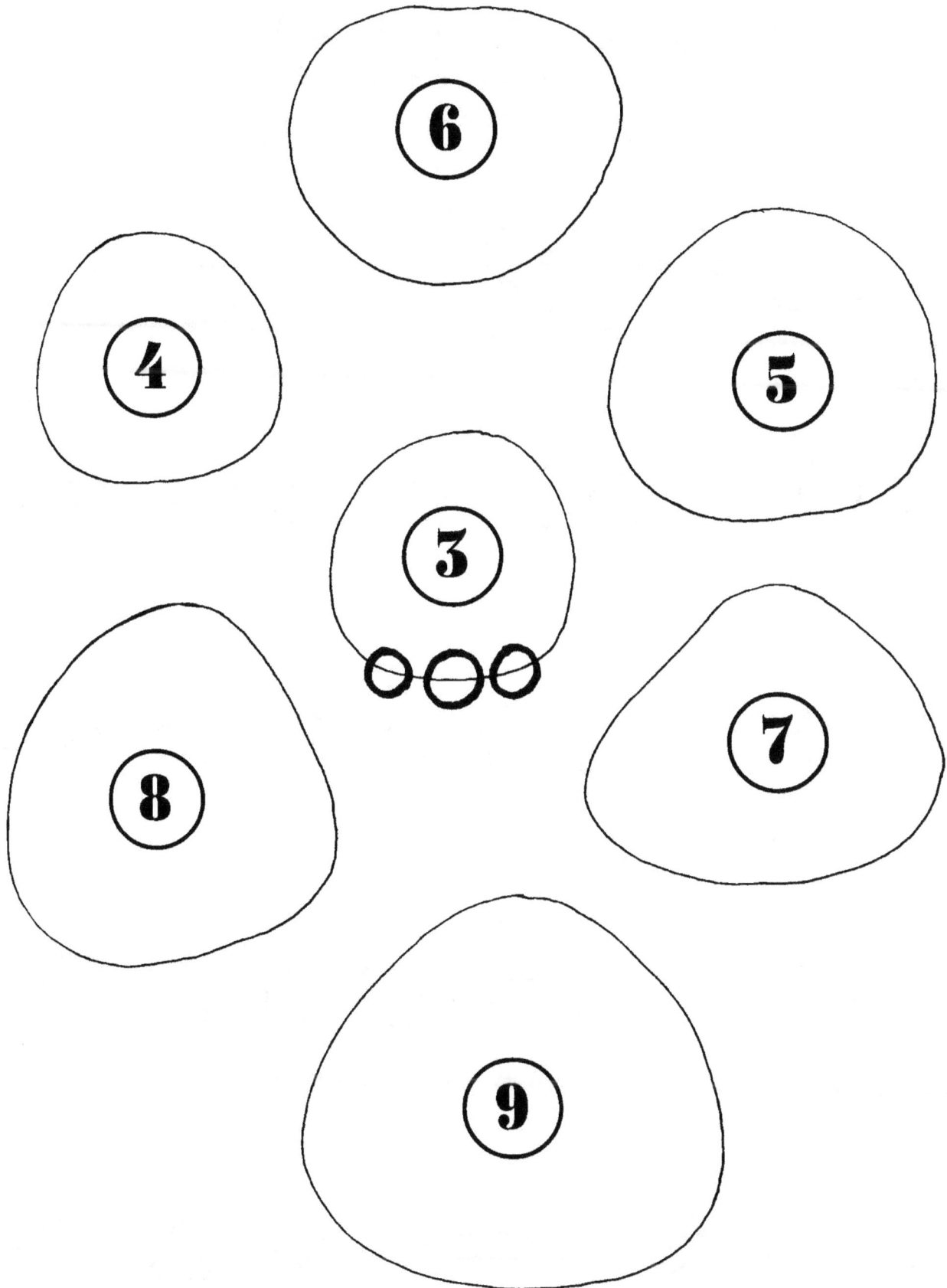

Άσκηση 23

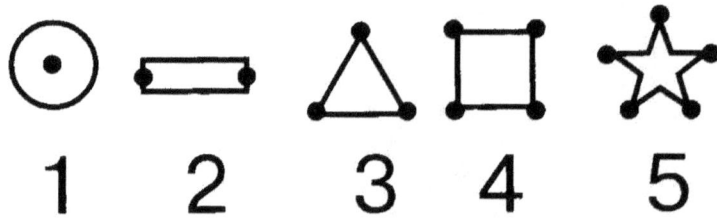

1   2   3   4   5

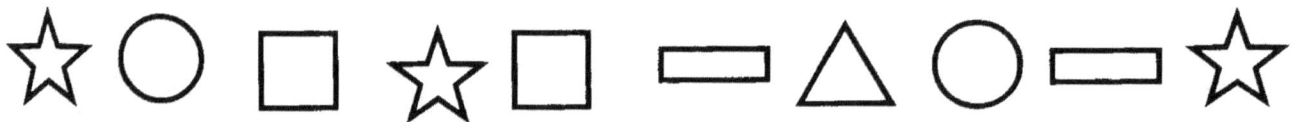

Άσκηση 24

Άσκηση 25

1	2	3	4	5
·	:	∴	::	⁙

1	2	3	4	5	1	3	4	1	1	3	1	2	5	1	4

2	1	5	3	4	1	2	1	4	3	2	5	1	4	3	5

3	5	1	3	4	2	1	3	5	2	5	3	1	4	2	1

4	1	5	2	3	1	4	2	3	5	4	1	3	5	1	2

Άσκηση 26

Άσκηση 27

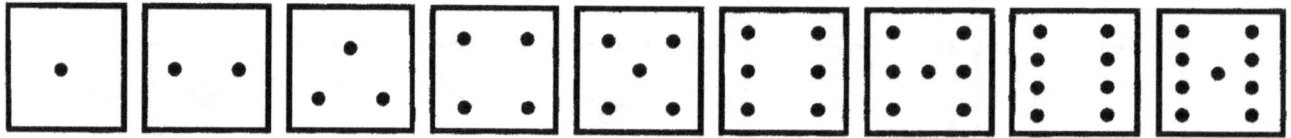

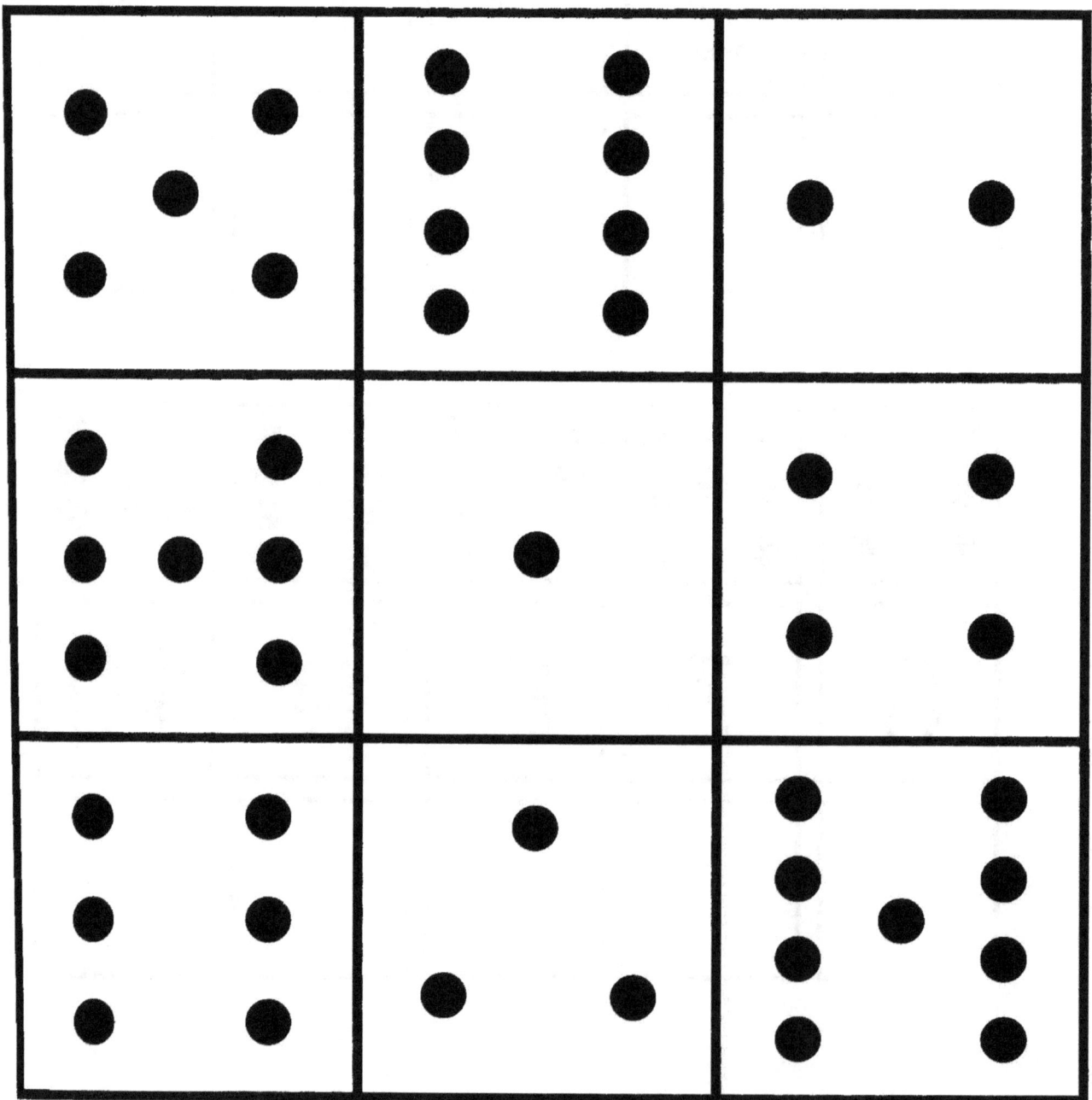

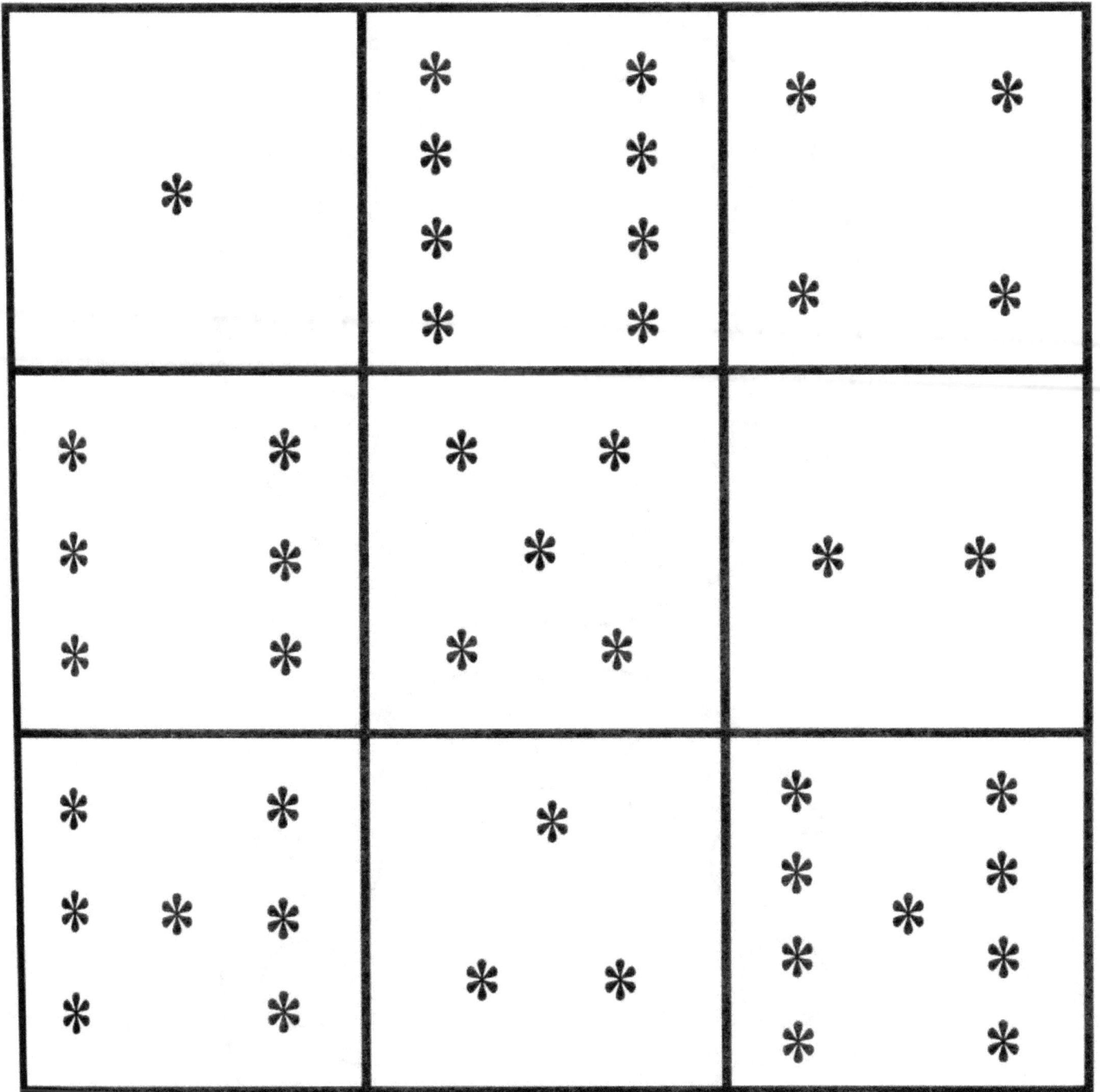

*	* * * * * * * *	* * * *
* * * * * *	* * * * *	* *
* * * * * * *	* * *	* * * * * * * * * * *

Άσκηση 28

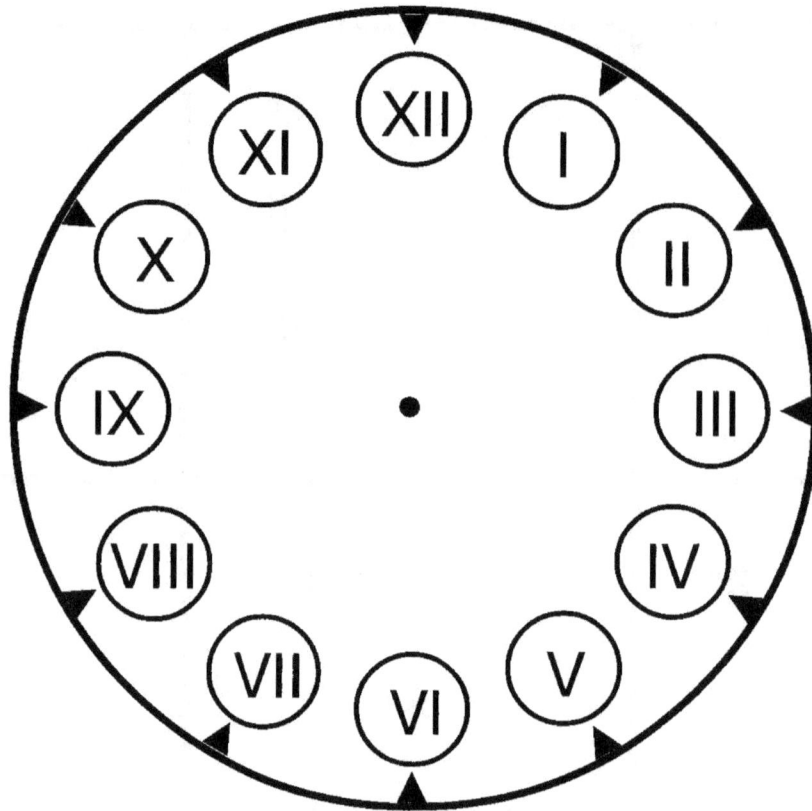

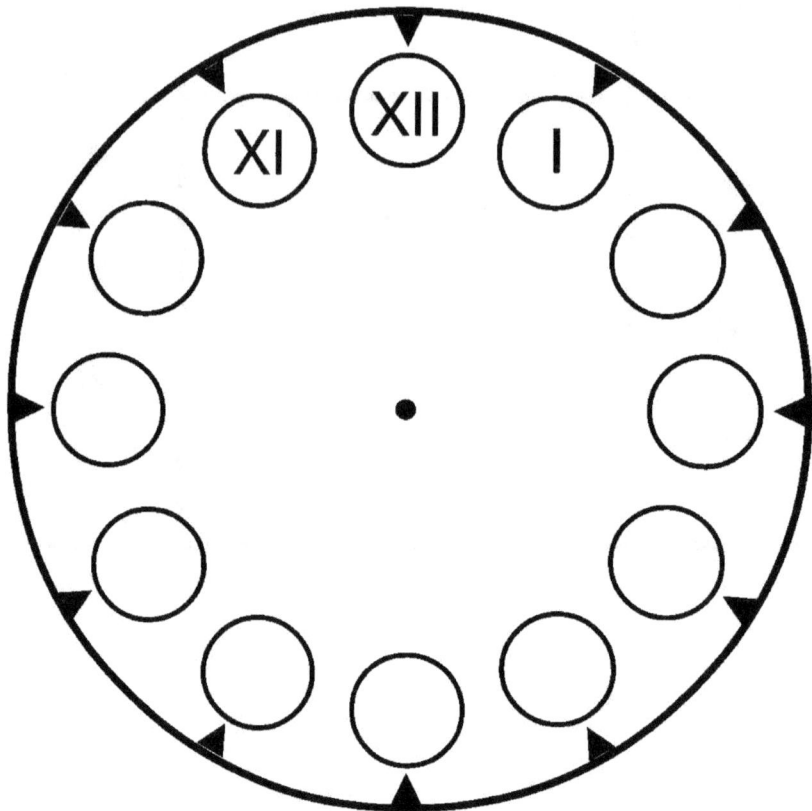

Άσκηση 29

I II III IV V VI VII VIII IX X XI XII

I	VIII	V
VI	IX	III
II	XII	X
XI	IV	VII

Άσκηση 30

1	2	3	4	5	6	7	8	9	10

1	2	3	4	5	6	7	8	9	10	3	1	9

3	1	7	5	9	8	6	10	5	7	4	2	6

2	4	8	3	7	6	7	1	5	10	8	1	5

4	1	2	6	9	10	3	7	8	5	7	6	4

1	7	4	9	5	3	10	8	2	6	4	8	9

Άσκηση 32

1	2	3	4	5	6	7	8	9

3	8	2
6	4	7
1	9	5

9	8	7	6	5	6	7		

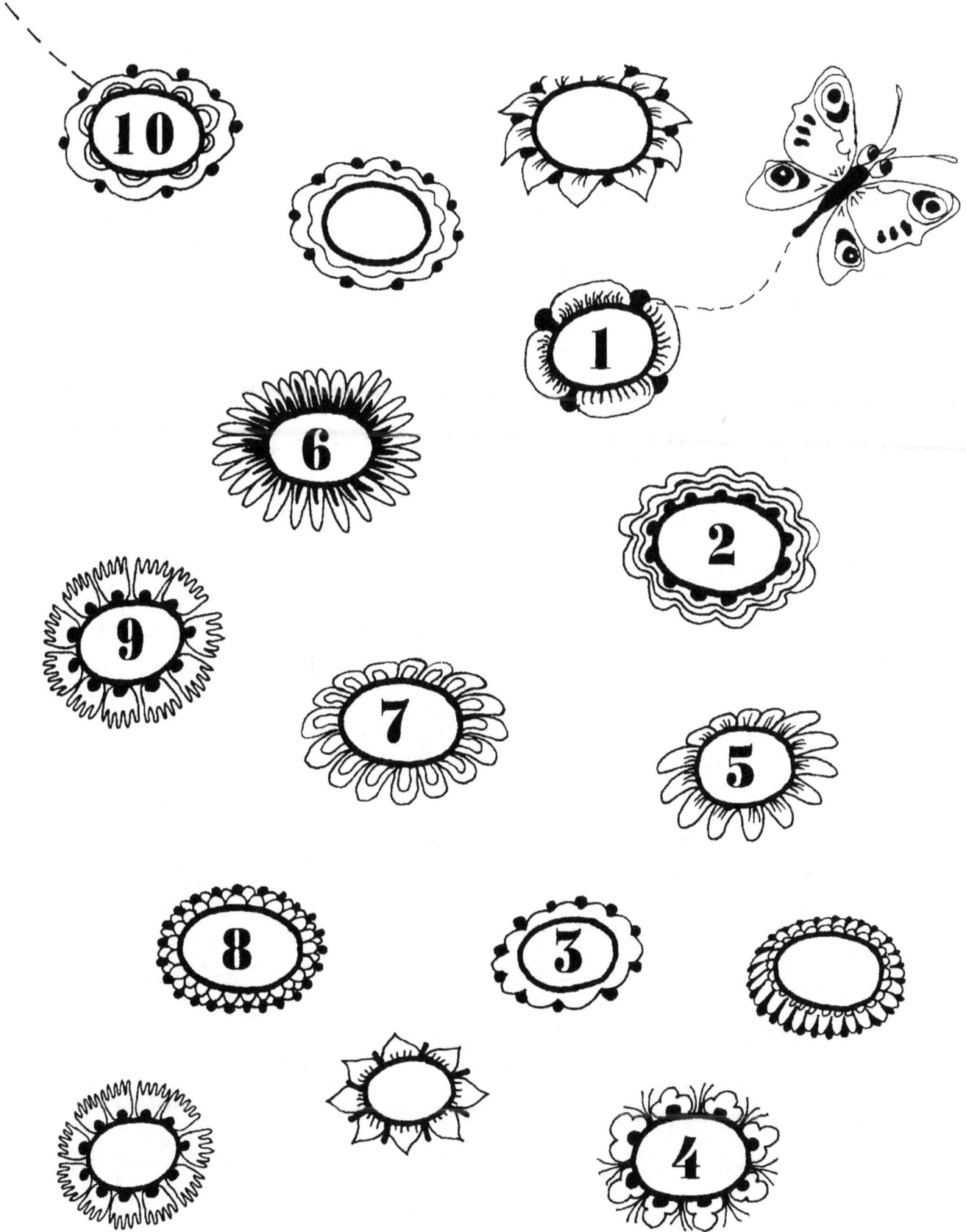

Άσκηση 33

Άσκηση 34

Άσκηση 35

4	12	9
2	7	3
8	11	5
10	6	1

Άσκηση 36

Άσκηση 37

4	9	2	7
11	15	6	13
5	14	12	10
16	1	8	3

1 ▶ **16**

16 ▶ **1**

12	15	8	16
6	14	1	3
10	4	2	9
13	7	11	5

12   10   3
15   9   7
6   14   ①
11   13   4
2   8   16   5

Άσκηση 38

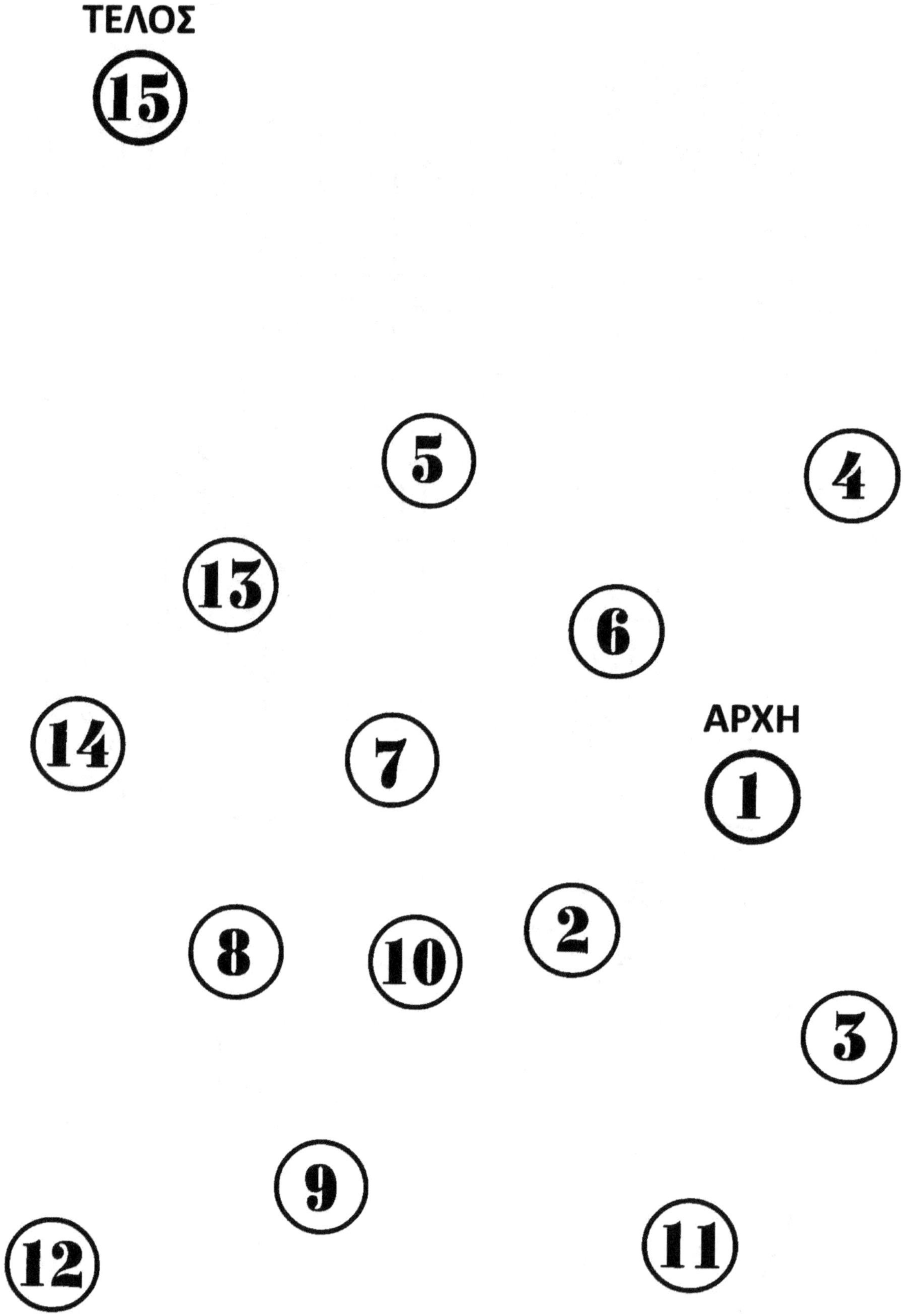

ΤΕΛΟΣ

(15)

(5)   (4)

(13)

(6)

(14)   (7)   ΑΡΧΗ
(1)

(8)   (10)   (2)

(3)

(9)

(12)   (11)

Άσκηση 39

7 Κ 10
2 6 9
Μ 5
11 Α
8 1
4
Д Ж
3 Ю 12

Άσκηση 40

| 10 | 9 | 8 | 7 | 6 | | | | | |

| 10 | 9 | | 7 | 6 | | 4 | 3 | | 1 |

| 10 | | 8 | | 6 | | 4 | | 2 | |

| | 9 | | 7 | | 5 | | 3 | | 1 |

| | 8 | 6 | 4 | 2 |

| | 7 | 5 | 3 | 1 |

Άσκηση 41

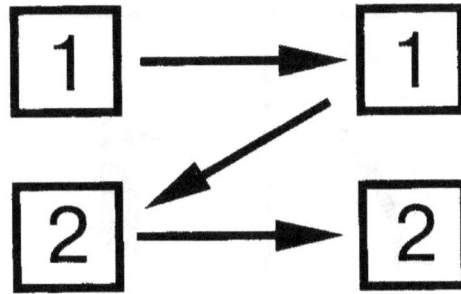

Άσκηση 42

10	7	1	4
1	10	5	3
5	7	8	9
3	6	4	2
8	2	9	6

Άσκηση 43

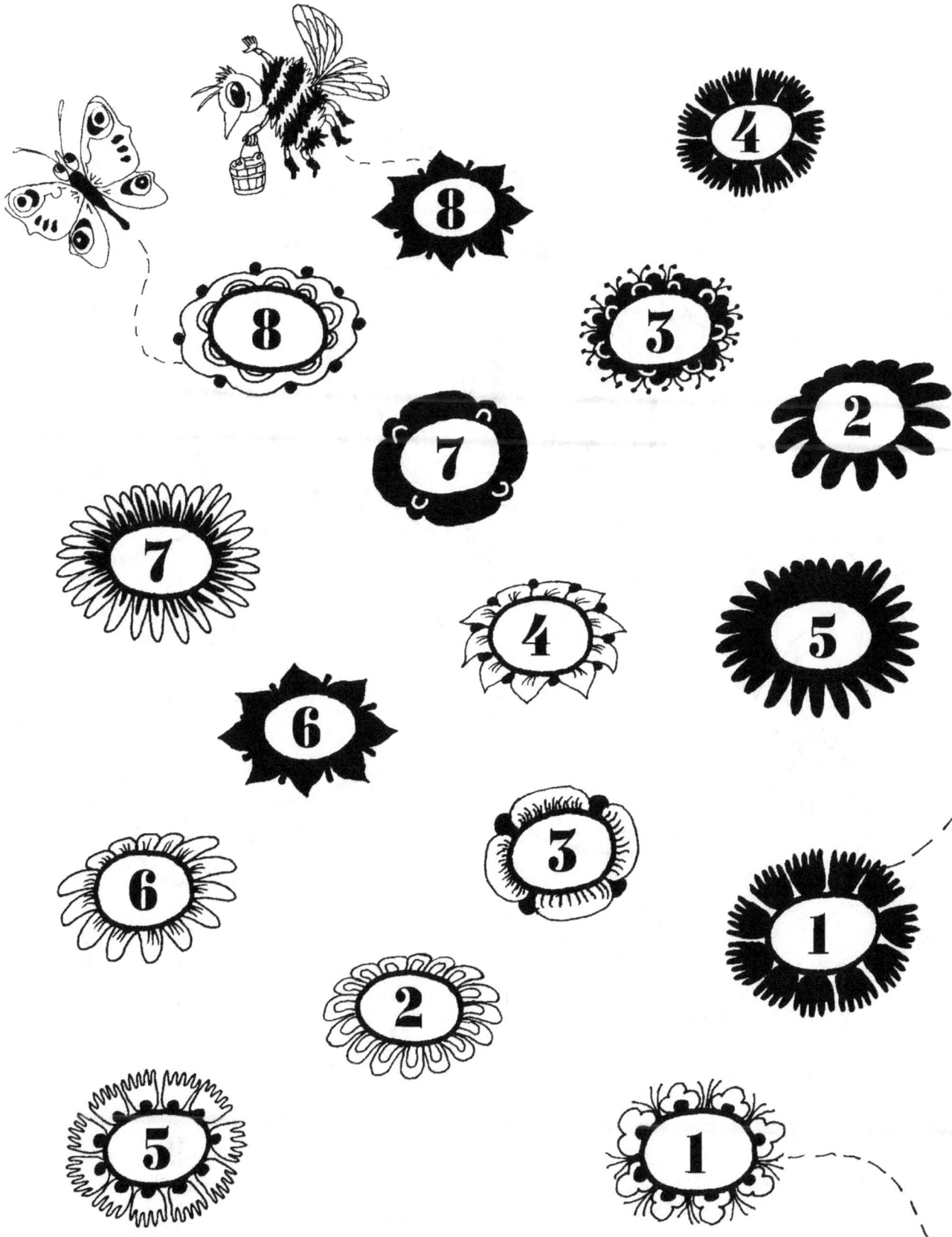

Άσκηση 44

Άσκηση 45

VI	3	III
2	I	1
IV	4	5
II	6	V

Άσκηση 46

1 → 2 → 3 → 4 → 5 → 6 → 7 → 8

I → II → III → IV → V → VI → VII → VIII

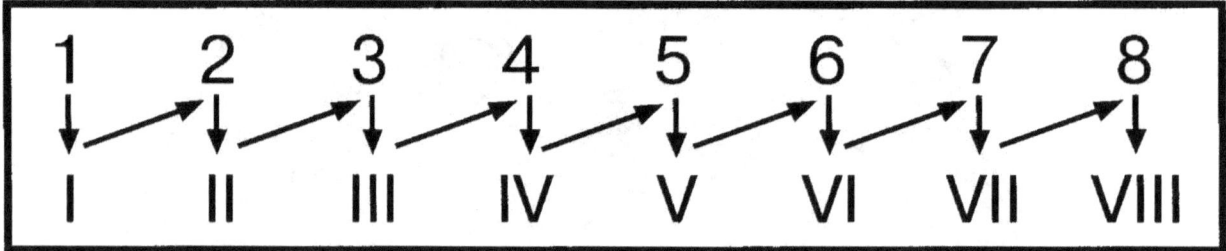

| 1 | 2 | 3 | 4 | 5 | 6 | 7 | 8 |
| I | II | III | IV | V | VI | VII | VIII |

VI	2	7	III
5	I	4	VIII
VII	6	IV	8
3	II	1	V

Άσκηση 47

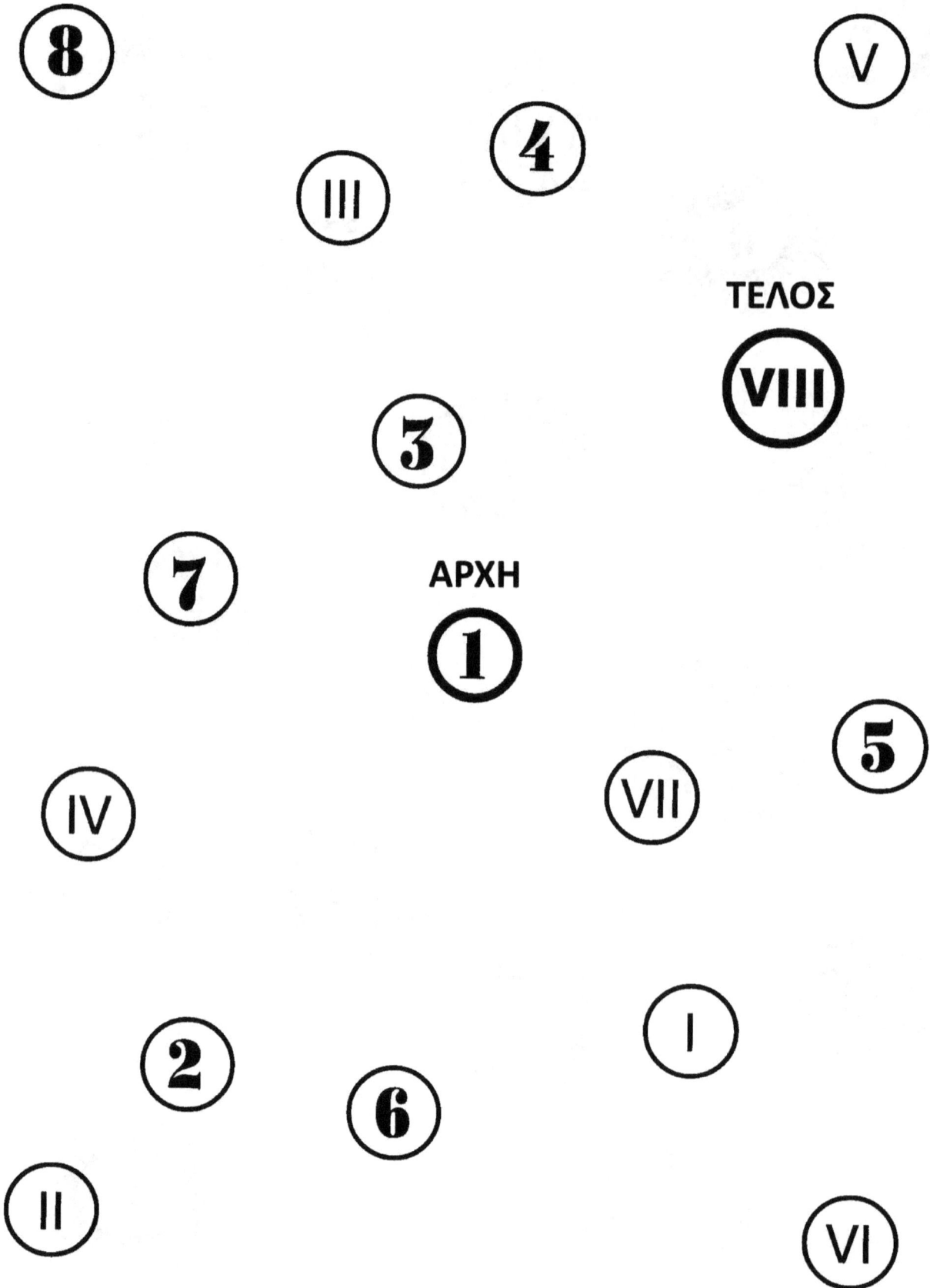

Άσκηση 48

⑧

Ⓥ

④

ⒾⒾⓘ

ΤΕΛΟΣ

Ⓥⓘⓘⓘ

③

⑦

ΑΡΧΗ

①

⑤

ⒾⓋ

Ⓥⓘⓘ

Ⓘ

②

⑥

Ⓘⓘ

Ⓥⓘ

Άσκηση 49

1	2	3	4	5	6	7	8

8 7 6 5 4 3 2 1

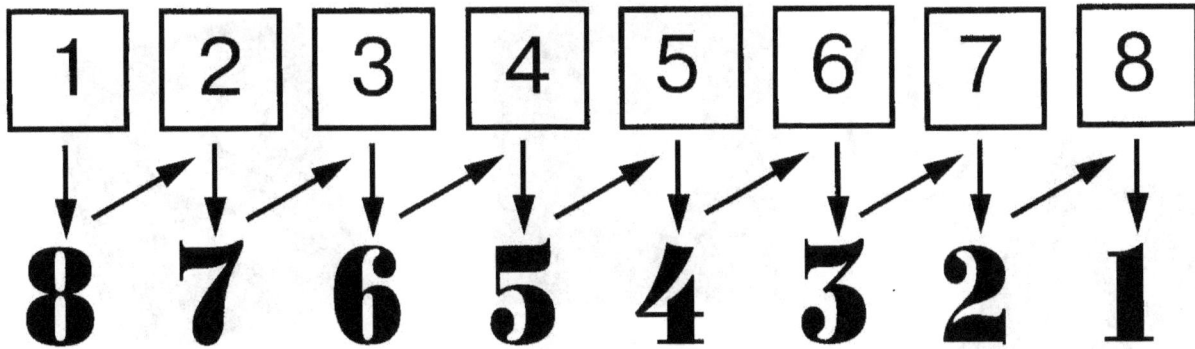

1	3	8	6
7	5	2	4
8	3	7	2
4	1	6	5

Άσκηση 50

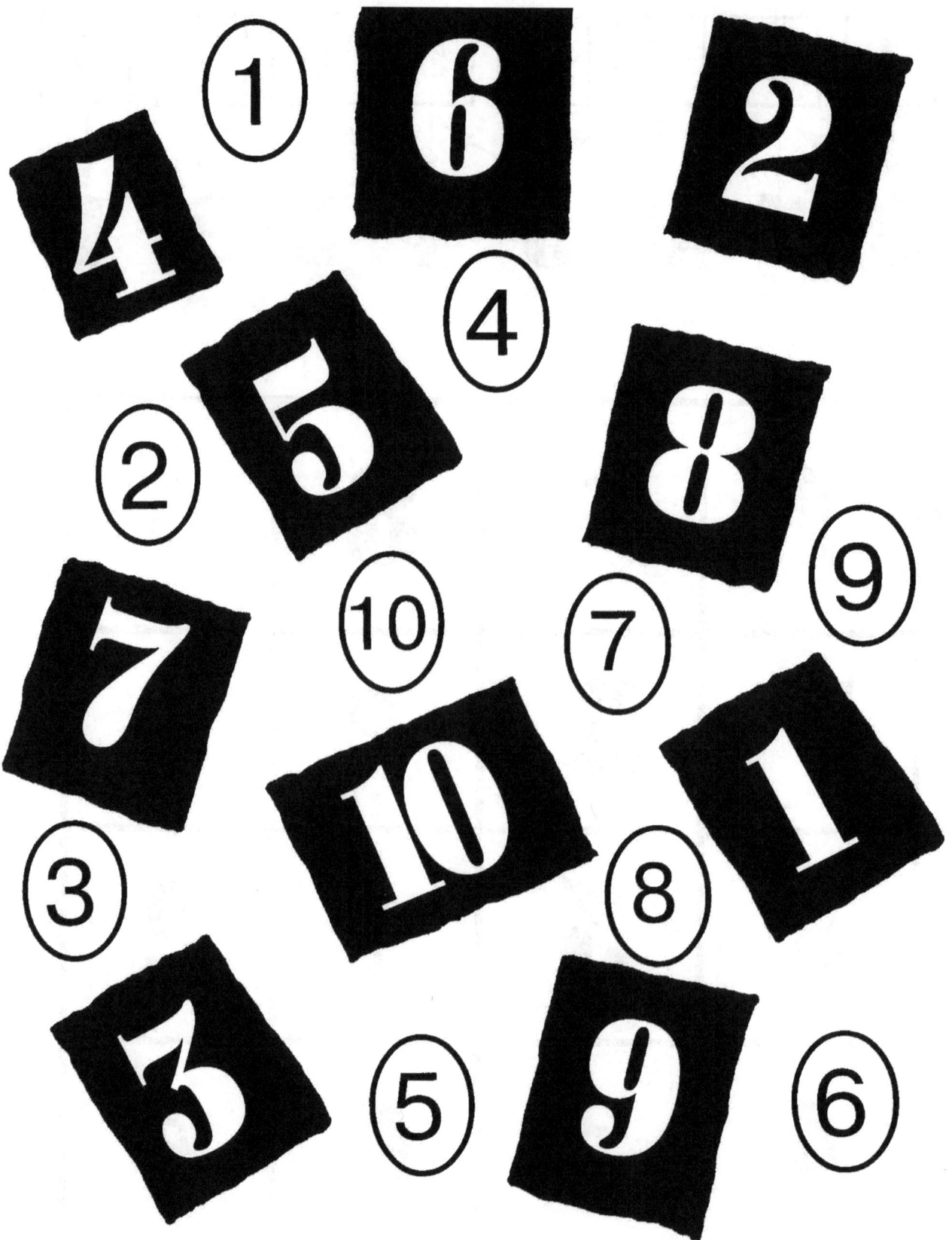

ΠΑΡΑΡΤΗΜΑ

ΠΑΡΑΡΤΗΜΑ 1

Το ρεπάνι

Κάπου κάποτε σ' ένα μικρό αγρόκτημα, έξω από ένα ρώσικο χωριό, ζούσε ένας παππούς με τη γυναίκα του και τη μικρή εγγονή τους. Και οι τρεις τους αγαπούσαν πολύ τα λαχανικά και γι' αυτό ο παππούς συνεχώς φύτευε κάθε λογής λαχανικά με πολύ μεράκι.

Μια μέρα ο παππούς σ' ένα μέρος του λαχανόκηπου φύτεψε ένα ρεπάνι. Καθημερινά, με ιδιαίτερη αγάπη το πότιζε, το λίπαινε και το χάιδευε. Και το ρεπάνι, κάθε μέρα μεγάλωνε. Μεγάλωσε, μεγάλωσε, ώσπου παραμεγάλωσε. Τότε θέλησε ο παππούς να βγάλει το ρεπάνι από τη γη και να το φάει μαζί με τη γιαγιά και την εγγονή.

Πάει, λοιπόν, γεμάτος χαρά στο μέρος που ήταν φυτεμένο το ρεπάνι, το πιάνει και αρχίζει να το τραβάει για να το ξεριζώσει. Τραβάει, ξανατραβάει, βάζει όλη τη δύναμή του, μα να το βγάλει δεν μπορεί.

Είδε και απόειδε, φωνάζει τη γιαγιά. Πάει κοντά του η γιαγιά τον πιάνει από τη μέση και αρχίζει να τραβάει τον παππού και ο παππούς το ρεπάνι. Με όλη τους τη δύναμη τραβούν, ξανατραβούν, μα να το βγάλουν δεν μπορούν.

Τότε η γιαγιά φωνάζει σε βοήθειά τους την εγγονή. Πάει κοντά τους η εγγονή, και πιάνει από τη μέση τη γιαγιά. Η εγγονή τραβάει τη γιαγιά. Η γιαγιά τον παππού και ο παππούς το ρεπάνι. Τραβούν, ξανατραβούν, μα να το βγάλουν δεν μπορούν.

Τι να κάνουν, τι να κάνουν, φωνάζει η εγγονή τον σκύλο τους. Ο σκύλος τραβάει την εγγονή, η εγγονή τη γιαγιά, η γιαγιά τον παππού και ο παππούς το ρεπάνι. Βάζουν τα δυνατά τους και τραβούν, ξανατραβούν, μα αλλοίμονο, να το βγάλουν δεν μπορούν.

Δεν μπορούν να το πιστέψουν αυτό που τους συμβαίνει και τότε ο σκύλος φωνάζει τα γάτα. Πάει η γάτα και πιάνει την ουρά του σκύλου. Η γάτα τραβάει τον σκύλο, ο σκύλος την εγγονή, η εγγονή τη γιαγιά, η γιαγιά τον παππού και ο παππούς το ρεπάνι. Με όση δύναμη έχουν όλοι μαζί τραβούν, ξανατραβούν, μα δυο φορές αλλοίμονο, να το βγάλουν δεν μπορούν.

Και μες στην απελπισιά τους η γάτα φωνάζει για βοήθεια τον ποντικό. Έκπληκτος ο ποντικός για αυτή την πρόσκληση από τη γάτα έρχεται καχύποπτος, μα μόλις βλέπει πως έχουν τα πράγματα, ησυχάζει και πιάνει τη γάτα. Ο ποντικός τραβάει τη γάτα, η γάτα τον σκύλο, ο σκύλος την εγγονή, η εγγονή τη γιαγιά, η γιαγιά τον παππού και ο παππούς το ρεπάνι. Τραβούν, ξανατραβούν και, ω τι χαρά, το ρεπάνι ξεριζώνουν!

ΠΑΡΑΡΤΗΜΑ 2

Το σπιτάκι

Μια φορά και έναν καιρό μέσα σ' ένα δάσος υπήρχε ένα μικρό αλλά άνετο και φιλόξενο σπιτάκι, που το έλεγαν Τερεμόκ, όπως έγραφε μια πινακίδα πάνω από την πόρτα του. Μια μέρα ένας ποντικός, που έτρεχε κυνηγημένος από ένα γεράκι, είδε το σπιτάκι και γρήγορα-γρήγορα τρύπωσε μέσα του για να γλιτώσει.

Δεν πέρασε πολύ ώρα και ένας βάτραχος, που χοροπηδούσε κοάζοντας, έφτασε μπροστά στο σπιτάκι και χωρίς να το πολυσκεφθεί, χτύπησε την πόρτα του και είπε:

– Τοκ, τοκ, τοκ! Ποιος μένει στο Τερεμόκ;

– Εγώ, ο ποντικός! Και ποιος είσαι εσύ;

– Είμαι ο βάτραχος, που κοάζει.

– Άμα θέλεις, έλα να μείνεις μαζί μου!

– Άνοιξε κι έρχομαι.

Σε λίγο ένας μυτερός σκαντζόχοιρος, που περνούσε τυχαία από εκεί, είδε το σπιτάκι και αποφάσισε να χτυπήσει την πόρτα του, λέγοντας:

– Τοκ, τοκ, τοκ ! Ποιος μένει στο Τερεμόκ;

– Εγώ, ο ποντικός!

– Κι εγώ, ο βάτραχος, που κοάζει. Και ποιος είσαι εσύ;

– Είμαι ο σκαντζόχοιρος με τα μυτερά αγκάθια.

– Άμα θέλεις, έλα να μείνεις μαζί μας!

– Ανοίξτε κι έρχομαι.

Και πριν καλά καλά κλείσει η πόρτα να 'σου και κατέφτασε ο γρήγορος λαγός και με έναν πήδο προσγειώθηκε μπροστά στην πόρτα του μικρού σπιτιού, τη χτύπησε και είπε λαχανιασμένος:

– Τοκ, τοκ, τοκ! Ποιος μένει στο Τερεμόκ;

– Εγώ, ο ποντικός!

– Κι εγώ, ο βάτραχος, που κοάζει!

– Κι εγώ, ο σκαντζόχοιρος με τα μυτερά αγκάθια. Και ποιος είσαι εσύ;

– Είμαι ο γρήγορος λαγός.

– Άμα θέλεις, έλα να μείνεις μαζί μας!

– Ανοίξτε κι έρχομαι!

Πριν καλά καλά τακτοποιηθούν τα τέσσερα ζώα μέσα στο σπιτάκι, μια γριά αλεπού, που είχε καταστραφεί η φωλιά της και τριγυρνούσε μέσα στο δάσος ψάχνοντας μέρος για να κοιμηθεί, είδε το μικρό σπίτι και αμέσως τράβηξε για εκεί. Σαν έφτασε μπροστά στην πόρτα, τη χτύπησε και είπε:

– Τοκ, τοκ, τοκ! Ποιος μένει στο Τερεμόκ;

– Εγώ, ο ποντικός!

– Κι εγώ ο βάτραχος, που κοάζει!

– Κι εγώ, ο σκαντζόχοιρος με τα μυτερά αγκάθια!

– Κι εγώ, ο γρήγορος λαγός! Και ποιος είσαι εσύ;

– Είμαι η πονηρή αλεπού!

– Άμα θέλεις έλα να μείνεις μαζί μας.

– Ανοίξτε κι έρχομαι!

Εκεί γύρω έκανε τη βόλτα του ένας χασομέρης λύκος. Μόλις είδε το σπιτάκι πήγε και χτύπησε την πόρτα και είπε:

– Τοκ, τοκ, τοκ! Ποιος μένει στο Τερεμόκ;

– Εγώ, ο ποντικός!

– Κι εγώ, ο βάτραχος που κοάζει!

– Κι εγώ, ο σκαντζόχοιρος με τα μυτερά αγκάθια!

– Κι εγώ, ο γρήγορος λαγός!

– Κι εγώ, η πονηρή αλεπού! Και ποιος είσαι εσύ;

– Είμαι ο δυνατός λύκος.

– Άμα θέλεις, έλα να μείνεις μαζί μας.

– Ανοίξτε κι έρχομαι!

Σ' ένα ξέφωτο, κοντά στο σπιτάκι καθόταν και λιαζόταν μια τεράστια καφέ αρκού-δα. Και μιας δεν είχε τι άλλο να κάνει παρακολουθούσε τα άλλα ζώα, που έρχονταν και έμπαιναν στο σπιτάκι. Κάποια στιγμή ζήλεψε και θέλησε να μπει και αυτή στο μικρό σπί-τι. Πήγε, λοιπόν, στην πόρτα τη χτύπησε και είπε:

– Τοκ, τοκ, τοκ! Ποιος μένει στο Τερεμόκ;

– Εγώ, ο ποντικός!

– Κι εγώ, ο βάτραχος που κοάζει!

– Κι εγώ, ο σκαντζόχοιρος με τα μυτερά αγκάθια!

– Κι εγώ, ο γρήγορος λαγός!

– Κι εγώ, η πονηρή αλεπού!

– Κι εγώ, ο δυνατός λύκος! Και ποιος είσαι εσύ;

– Είμαι η καφέ αρκούδα.

– Άμα θέλεις, έλα να μείνεις μαζί μας.

– Ανοίξτε κι έρχομαι!

Πάει η αρκούδα να μπει από την πόρτα, δεν χωρούσε να περάσει.

– Δεν πειράζει, λέει στα άλλα ζώα, θα ψάξω να βρω ένα άλλο άνοιγμα και θα προ-σπαθήσω να μπω.

Άρχισε, λοιπόν, η αρκούδα να ψάχνει, αλλά όσο και να προσπαθούσε δεν χωρούσε από πουθενά να μπει μέσα. Αφού προσπάθησε και ξαναπροσπάθησε πολλές φορές χω-ρίς αποτέλεσμα είπε πάλι στα άλλα ζώα:

– Νομίζω πώς είναι καλύτερα να ανέβω και να κάτσω στη σκεπή!

– Μη, μη! φώναξαν με μια φωνή τα άλλα ζώα. Θα μας λιώσεις όλους με το βάρος σου.

– Όχι, καλέ! Μη φοβάστε, είπε η αρκούδα. Θα με αντέξει η σκεπή. Δεν είμαι δα και τόσο χοντρή.

Και η αρκούδα, ξεροκέφαλη καθώς ήταν, σκαρφάλωσε και έκατσε πάνω στη σκεπή. Μα δεν πρόλαβε να καθίσει καλά-καλά και πάει γκρεμίσθηκε το Τερεμόκ από το βά-ρος της. Ευτυχώς, όλα τα άλλα ζώα πρόλαβαν την τελευταία στιγμή και πετάχτηκαν έξω και γλίτωσαν. Με μεγάλη λύπη αποχαιρέτησαν το γκρεμισμένο Τερεμόκ και έτρεξαν να βρουν άλλο σπιτάκι μέσα στο δάσος. Και, όπως μαθεύτηκε αργότερα, βρήκαν ένα άλλο φιλόξενο σπιτάκι και εκεί έζησαν ευτυχισμένα για πολλά-πολλά χρόνια!

www.ingramcontent.com/pod-product-compliance
Lightning Source LLC
LaVergne TN
LVHW061304060426

835511LV00015B/2072